MARCO POLO

MÜNCHEN FÜR MÜNCHNER

BESTE STADT DER WELT!

Food und Feiertipps für alle Lebenslagen

mit Insider Tipps

2020

ALLTAGSHELDEN VON MONTAG BIS FREITAG

UNTERWEGS MIT ...

WOCHENENDE – FEIERALARM!

FÜR WELCHEN HUNGER DARF'S WAS SEIN?

WOCHENENDE – GANZ GEDIEGEN

MEHR ALS NUR ESSEN!

€€€ Exklusive Adresse
(goldene Kreditkarte mitnehmen!)

MÜNCHNER
REINHEITSGEBOT
30. November Anno Domini 1487
Albrecht IV. Herzog von Bayern
HOFBRÄU
LÖWENBRÄU
PAULANERBRÄU
SPATENBRÄU

ALLTAGS-HELDEN VON MONTAG BIS FREITAG

FRÜH-STÜCK

... bitte einpacken, das Büro wartet nicht

NORDISCH BY NATURE

Laut Umfragen leben im Norden die glücklichsten Europäer. Und angeblich wird dort auch am meisten Kaffee getrunken. Besteht da etwa ein Zusammenhang? Im isländischen Café Blá wird das Ritual *tíu dropar* – also zehn Tropfen Kaffee zu sich zu nehmen – charmant zelebriert. Helle Röstungen mit fruchtigen Aromen stehen hier im Fokus. Dazu gibt's Müsli, Waffeln und Kuchen. INSIDER TIPP Das monatliche Startup-Frühstück macht den Genuss sogar gehaltvoll.

➔ **CAFÉ BLÁ**

Au-Haidhausen | www.cafebla.de | Mo–Fr 9–18, Sa/So 9.30–18 Uhr | Lilienstr. 34

MORGENDLICHER KURZURLAUB

Wer morgens, noch weit vor dem ersten Kaffee, einen kleinen Urlaubskick benötigt, der kommt nicht umhin ins Tal zu pilgern. Im Riva kann man sie noch einatmen, die klassische italienische Espresso-Bar-Atmosphäre. Zum Cappu wird natürlich ein *cornetto* (gefülltes Hörnchen) gereicht. Die etwas herzhafterer Variante, der Schinken-Käse-Toast, ist auch nicht zu verachten. Ja, dann fühlt es sich fast an wie in Florenz oder Mailand. Nur blöd, dass draußen der Münchner Verkehr vorbeirollt.

➔ **RIVA**

Altstadt-Lehel | www.riva-tal.de | Mo–Sa 8–1, So 11.30–1 Uhr | Tal 44 | Tel. 089 22 02 40

KÖRNDLFUTTER OHNE ENDE

Oh, ihr Müsli-Fans, kommet alle zusammen und wisset, hier im Herzen der Stadt wartet das Paradies auf euch. Selbst nach sechs Tagen morgendlichem Körnerfutter wird einem nicht langweilig, kein Wunder, bei 566 Billiarden Müsli-Variationen. Und für sonntags gibt es den Körner-Mix auch für zuhause. Es hat schon was, mit Blick zum Alten Peter zu frühstücken. Und wer zu busy ist, lässt sich alles für Büro einpacken.

➔ **MYMÜSLI**

Altstadt-Lehel | www.mymuesli.com | Mo–Sa 8.30–19 Uhr | Viktualienmarkt 7 | Tel. 089 24 26 88 86

TRÄUME WERDEN WAHR

Dieser kleine Kaffee-Hotspot, ins Leben gerufen von Krissi und Natalie, die sich damit einen Traum erfüllten, spiegelt ein Stück Haidhauser Lebenskultur wieder. Da sitzt der Gast schon einmal ganz unkonventionell auf einer gut gepolsterten Obstkiste, während er seinen Espresso genießt. Regionalität steht an erster Stelle, wenn's um die Kulinarik geht, und dazu zählt ebenso der Kaffee. Deshalb kommt dieser auch von der kleinen Münchner Rösterei emilo.

➔ **KAFFEEKÜCHE**

Haidhausen | www.kaffeekueche.net | Di–Fr 7–20, Sa/So 9–20 Uhr | Weißenburgerstr. 6 | Tel. 089 46 13 98 47

Guten Morgen!

Es duftet lecker aus der Kaffeeküche

ELEFANTENBOHNEN ZUM DURCHSTARTEN

Mmmh …, was gibt es Herzhafteres als ein hausgemachtes Butterbrot? Die Kruste schön resch und der Natursauerteig zugleich voller Geschmack. Und das alles ganz ohne Hefe. Die Krönung dazu sind die eigens kreierten Aran-Aufstriche wie Salsa oder Wild Curry. Dazu noch ein Schlückchen vom magenschonenden Aran No. 1, der zu 100 Prozent aus der Maragogype-Bohne (Nicaragua) besteht. Dank ihrer Größe auch als Elefantenbohne bekannt.

➜ ARAN FÜNF HÖFE

Altstadt-Lehel | www.aran.coop | Mo–Sa 9–20 Uhr | Theatinerstr. 12 | Tel. 089 25 54 69 82

GANZ NACKERT, NUR MIT EINEM HAUCH ZUCKER

Einfach nur köstlich, so eine frische »Auszogene« am Morgen. Der Franzose hat sein Croissant, der Bayer seine ausgebackenen Hefeschmankerl. Dazu zählt auch die Rohrnudel. Mit oder ohne Füllung. Beides lässt sich zudem bestens in den Kaffee tunken. Tag, du kannst uns nicht schrecken, – in der offenen Backstube der »Schmalznudel« (so der Volksmund), mit all den Schmankerln, lässt sich reichlich Power tanken.

➜ CAFÉ FRISCHHUT

Altstadt-Lehel | Mo–Sa 8–18 Uhr | Prälat-Zistel-Str. 8 | Tel. 089 26 02 31 56

Fifties Feeling

Zeitreise schon zur Mittagsstunde im Café Cord

MITTAGS-TISCH

Arbeit lassen, Essen fassen

VIVA MÉXICO

Na, was darf's sein? Ein Burrito, eine Quesadilla oder doch die Tacos? Wer zur Mittagszeit gerne einen kulinarischen Abstecher gen Mittelamerika unternimmt, der kommt an den Condesa-Weizentortillas einfach nicht vorbei. Von feurig explosiv bis zur milden Chili-Schärfe reicht hier die Scoville-Skala. Besonders delikat als Füllung ist der ›Schweinebraten à la Mexicana‹. Freunde der fleischlosen Kost, nehmt den ›Chihuahua‹! Die Mischung aus Bohnen und Jalapenos sättigt reichlich.

➔ CONDESA

www.condesa-gourmet-tacos.de
Schwabing-Freimann | **Mo–Fr 11–22, Sa 12–22, So 12–21 Uhr** | **Münchner Freiheit 6** |
Sendling | **Di/Mi 11.30–17, Do–Sa 11.20–22 Uhr** | **Oberländerstr. 1**

MITTAGSPAUSE UNTER STUDIS UND HIPSTERN

Heinrich ist der Spitzname vom Vater des Betreibers, der als TU-Prof eine Vorlesung mit dem Titel »Geography Matters« hielt. Eine Hommage also. Die Bestuhlung erinnert etwas an harte Uni-Zeiten. Dafür liegen in den Fensternischen Kissen zum Hinfläzen. Studentenfutter gibt's in der modernen Zeitgeist-Version, also alles bio und gesund. Bowls, Salate, Pasta – was Herz und Magen begehren.

➔ HEINRICH MATTERS

Maxvorstadt | **www.heinrich-matters.de** | **Mo–Fr 10–24, Sa 9–24, So 9–17 Uhr** | **Luisenstr. 47** | **Tel 089 23 79 66 73**

SUNSHINE FOOD CLUBBING

Wenn die ersten Sonnenstrahlen über die Häuser blitzen und die Terrassensaison eröffnet wird, herrscht zum Lunch stets großer Trubel. Die Küche leicht, kreativ und sehr bekömmlich, lässt sich so mit noch einem strahlenderen Lächeln genießen. Bei Schlechtwetter speist man zu Füßen einer elegant geschwungenen Treppe im Retro-Ambiente, was einem mittags schon die Stunden bis zum Feierabend versüßt.

➔ CAFÉ CORD

Altstadt-Lehel | **www.cafe-cord.tv** | **Mo–Do 11–1, Fr/Sa 11–2, So 10–23 Uhr** | **Sonnenstr. 19** | **Tel. 089 54 54 07 80**

ESSEN AUF RÄDERN

Vorneweg: Gegen Berlin kann München in Sachen Foodtrucks zahlenmäßig nicht anstinken. In der bayerischen Metropole sind nur etwa 30 *on the road*. Dazu zählen der OX Grill genauso wie Vogl Wild und Curry O City. Am einfachsten lädt man sich die kostenfreie Foodtrucks-App herunter, gibt die Postleitzahl ein und schon poppen die Standplätze auf. Tipp: Um seinen Lieblings-Foodtrucker zu finden, empfiehlt es sich vorab einen der zahlreichen Foodtruck-Markets zu besuchen.

➔ FOODTRUCKS

Verschiedene Stadtviertel | www.foodtrucks-deutschland.de

TISCHLEIN, WECHSEL DICH!

Das Motto »Sharing is caring« gilt am Tisch genauso wie in der Küche. Denn im Restless teilen sich nicht nur die Gäste das Essen, sondern auch die Köche den Platz in der Küche. Alle vier Wochen wechselt das Food-Konzept und ein neues Team schwingt Pfannen und Löffel. So viel Abwechslung an einem Ort: eine absolute Seltenheit! Das nette Serviceteam, die hausgemachten Limos und die kreativen Cocktails sind die einzige Konstante.

➔ RESTLESS

Maxvorstadt | www.restless-popup.de | Mo–Fr 11.30–14, 18–22, So 10–14.30 Uhr | Luisenstr. 27 | Tel. 089 38 88 79 86

SO GEHT NUDEL AUCH

Die Pasta-Expertinnen Uschi und Gerli verstehen es, aus so was Einfachem wie der Nudel etwas Besonderes zu zaubern. Und sorry, ihr lieben Italiener, die INSIDER TIPP *Spaghetti burro, parmigiano e panna* sind im Due Passi Weltklasse. Tag für Tag fliegen hier zehn Standards plus täglich zwei wechselnde Pasta-Gerichte nur so aus der Küche. Kein Wunder also, dass es in der Mittags-Rush-Hour schon mal zu Engpässen bezüglich des Platzangebots kommt. Achtung! Nur Bares ist hier Wahres!

➔ DUE PASSI

Altstadt-Lehel | www.duepassi.de | Mo–Fr 10–17, Sa 11.30–17 Uhr | Ledererstr. 11 | Tel. 089 22 42 71

SLOW FOOD ZUM MITTAGSLÄUTEN

Ob Snack oder Mahl, Schweineschnitzel paniert oder Fleischpflanzerl mit Kalbshack, im HeimWerk ist Slow Food angesagt. Eins ist klar, selbst wer kaum Zeit hat für eine relaxed-entspannte Mittagspause, der Gaumen wird bei soviel Geschmack verwöhnt. Ein Gedicht: der Kaiserschmarrn mit hausgemachtem Apfelkompott!

➔ HEIMWERK

Schwabing-West | www.heimwerk-restaurant.de | So–Do 11.30–23, Fr 11.30–24, Sa 10–24 Uhr | Friedrichstr. 27 | Tel. 089 21 89 61 04
Isarvorstadt | Mo–Do 11.30–24, Fr/Sa 11.30–1, So 11.30–23 Uhr | Müllerstr. 49 | Tel. 089 59 91 86 97

Happ
… und schon ist das köstliche Ringlers-Sandwich weg

MEHR ALS NUR EIN GRILL

Ehrlich gesagt, der Laden platzt aus allen Nähten. Da stehen die Schlangen Hungriger mittags ja bis fast um die Ecke an. Woran das liegt? Die Crew um Valerie und Martin Ringler kocht einfach genial. Selbst absoluten Fleischliebhabern fällt es hier leicht, sich hier auch mal an den kreativen fleischlosen Gerichten zu laben. Und erst die Grill-Sandwich-Kreationen, angefangen bei den verschiedenen Brotvariationen bis hin zu den Saucen, alles selbst kreiert und auch mittlerweile preisgekrönt. Da kann die Mittagspause auch schon mal ein Highlight des Tages werden!

➔ RINGLERS GRILL

Altstadt-Lehel | www.ringlers.net | Mo–Fr 8–18, Sa 10–18 Uhr | Sendlinger Str. 45 | Tel. 089 26 55 49

ZWISCHEN PHO BO UND XA-XIU

Willkommen im hippen Westend. Hierhin hat es Madame Hu mit ihrer asiatischen Straßenküche verschlagen. Entsprechend locker geht's hier zu. Die Reisnudelgerichte mit reichlich Koriander und hausgemachter Limetten-Fisch-Sauce werden lauwarm serviert. Ob mittags oder abends, der legendäre Xa-Xiu, der gegrillte Schweinebauch mit Sojasauce und Chili fehlt natürlich nicht auf der Karte. Gleiches gilt für die Tofu-Gerichte, was auch Vegetarier strahlen lässt.

➔ MADAME HU

Schwanthalerhöhe | www.madame-hu.com | Mo–Sa 12–15, 17–24 Uhr | Gollierstr. 20 | Tel. 089 45 21 72 72

WATCH THE COOK!

Fernweh? Hier gibt's Trost! Wer schon einmal auf Asienreise war, kennt die Garküchen, die dort zum Stadtbild gehören wie die Hot-Dog-Wägen in New York. Von Soba bis Ramen, die Suppen im Sasou, der Fachmann schlürft die Nudeln mit den Stäbchen, sind geschmacklich dem europäischen Gaumen angepasst, aber einfach vorzüglich. Alles – auch Sushi, Salate und Fingerfood – wird frisch zubereitet, unter Zeugen – dank der offenen Küche.

SASOU

Altstadt-Lehel | www.sasou.de | Mo–Sa 11–21 Uhr | Marienplatz 28 | Tel. 089 26 37 01

VIET-VEGGIE

Mittags einchecken bei Jack! Der zentral gelegene, familiäre Vietnamese hat besonders viele vegetarische Gerichte. Gesund und angeblich auch schön macht »I'm so beautiful«. Das ist gebratener Natur-Tofu mit Zitronengras sowie knusprige Röllchen auf lauwarmen Reisnudeln in einer hausgemachten Limonensauce.

JACK GLOCKENBACH

Isarvorstadt | www.jack-glockenbach.de | Mo 17.30–23, Di–Do 11.30–14.30 und 17.30–23, Fr 11.30–14.30 und 17.30–23.30, Sa 11.30–23.30, So 17–23 Uhr | Thalkirchner Str. 3 | Tel. 089 44 13 08 20

VORSICHT, SONNENBRAND!

Ein guter Ort für (Sonnen-)Hungrige: Das Zimt verfügt über eine 12-Stunden-Sonnen-Garantie, sofern diese sich sehen lässt. Wen wundert's da, dass die Terrassenplätze hier im Herzen des Dreimühlenviertels heiß begehrt sind? Auf den Tisch kommen toll abgestimmte Pasta-Gerichte genauso wie Saisonales. Alles frisch aus der nahen Großmarkthalle importiert. Achtung! Hier gilt nur Bares als Zahlungsmittel.

CAFÉ ZIMT

Isarvorstadt | cafezimt.wordpress.com | Mo–Fr 7–22, Sa/So 8–22 Uhr (im Winter nur bis 18.30 Uhr) | Ehrengutstr. 9 | Tel. 089 45 22 95 88

Hot Town

Summer in the City: Café Zimt

KOFFEIN-SHOT

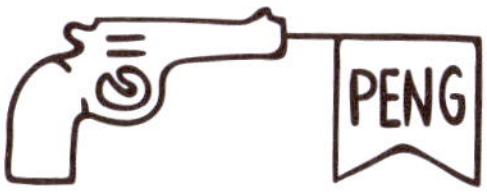

Ohne meinen Kaffee mach' ich nix mehr

RÖSTEREI FÜR ENTDECKER

In Giesing gibt's Ecken, die auch waschechte Münchner kaum kennen, z. B. das Templer-Kloster am Auer Mühlbach mit seinem 67 Meter hohen Zwiebelturm. Ein paar Meter südlich davon liegt die Kraemersche Kunstmühle. Und hier gibt's in einem Röstereiladen den fantastischen Kaffee von Fausto. Wer noch etwas tiefer in die Materie eintauchen möchte, kann vor Ort auch Kaffeemaschinen und Zubehör testen. Wer lernen möchte, wie man den Milchschaum auf dem Cappuccino professionell verziert, kann bei Fausto sogar INSIDER TIPP Latte-Art-Kurse belegen.

➔ ERLEBNISRÖSTEREI FAUSTO

Giesing | www.fausto-kaffee.de | Mo–Fr 11–19, Sa 10–19 Uhr | Birkenleiten 41 | Tel 089 62 23 11 13

BOHNE STATT VORLESUNG

Die quirlige Kaffeebar hinterm Uni-Hauptgebäude ist für viele Studenten die tägliche Dosis Italien, die den Vorlesungsmarathon unterbricht. Der Espresso vom sizilianischen Hersteller Torrisi mundet ausgezeichnet. Dazu ein frisches Panino oder eine köstliche Tiramisù – und der Hörsaal rückt in weite Ferne.

➔ DINATALE

Maxvorstadt | www.dinatale-cafe.de | Mo–Fr 7–18, Sa 8–18 Uhr | Amalienstr. 71 | Tel. 089 20 35 58 16

MMH ..., WIE DAS DUFTET

Besonders gute Nasen können das Aroma der Arabica sogar schon von Weitem riechen. Die Bohnen selbst stammen aus fernen Plantagen, doch geröstet wird hier vor Ort. Und das bereits seit 1997. Entsprechend strömen die Kaffee-Connoisseure morgens, mittags und abends von allen Seiten Richtung Viktualienmarkt, wo sich Christian Müller mit seiner kleinen Kaffee-Oase niedergelassen hat. So ein kleiner Crema d'Oro als Espresso gibt den richtigen Kick. Den Toast oder die Butterbrezn holt man sich von nebenan.

➔ KAFFEERÖSTEREI VIKTUALIENMARKT

Altstadt-Lehel | www.kaffee-muenchen.de | Mo–Sa 8–18 Uhr | Viktualienmarkt Abtl. III, Stand 3/26 | Tel. 089 2 60 90 86

NICHT GEBOHRT, NUR GERÖSTET

Wenn Zahnärzten der Kaffee in der Umgebung nicht schmeckt, dann werden sie selbst tätig. So geschehen im Falle des Patolli. Seitdem wird in der Sendlinger Straße selbst gerösteter Zaubertrank ›Made vom Tegernsee‹ ausgeschenkt. Und der schmeckt nicht nur den Nachbarn bestens. INSIDER TIPP Abends mutiert die kleine Kaffee-Bar zur Cocktail-Oase erster Klasse. Dann ruht die Bohne, aber nur bis zum nächsten Hahnenschrei.

➔ PATOLLI

Altstadt-Lehel | www.patolli.net | Mo 8–19, Di–Fr 8–2, Sa 10–2, So 12–18 Uhr | Sendlinger Str. 62 | Tel. 089 89 05 83 12

LIFE CAN BE BITTER

... your coffee shouldn't be. Von fruchtig bis schokoladig, diese kleine Münchner Spezialitäten-Rösterei verwandelt die grünen Bohnen in kleine braune Meisterbohnen, die ein interessantes, leicht säuerliches Kaffee-Aroma entwickeln, bei dem selbst Genießer große Augen bekommen. Das Krokodil, das Markenzeichen der Kaffeeverrückten Macher, weiß man mittlerweile sehr zu schätzen in München.

➔ MAN VERSUS MACHINE

Isarvorstadt | mvsm.coffee | Mo–Fr 8–19, Sa 9–19 Uhr | Müllerstr. 23 | Tel. 089 80 04 66 81

AUS LIEBE ZUR BOHNE

Seine Profession ist der Kaffee und was anfangs nur ein Hobby war, ist heute längst zu einer Berufung geworden. Seine Heimat hat Alexander Vits auf der Rückseite des ehemaligen Riegerblocks gefunden, wo neben seinem Café auch eine kleine Rösterei zu Hause ist. Seine Philosophie: Aromatik, Säure, Körper und Bitterkeit in Einklang zu bringen.

➔ VITS KAFFEE

Altstadt-Lehel | www.vitsderkaffee.de | Mo–Fr 8–19, Sa 10–18 Uhr | Rumfordstr. 49 | Tel. 089 23 70 98 20

Attacke auf die Sinne

Achtung, Geschmacksknospen: In der Kaffeerösterei am Viktualienmarkt gibt's den richtigen Kick

AFTER-WORK-FUTTER

Selber kochen? Bin doch nicht blöd

ES MUSS NICHT IMMER KAVIAR SEIN

Wenn der Chef des Hauses seinen Pizzateig liebevoll knetet, ihn dann gekonnt durch die Luft wirbelt, um ihn schließlich mit seinem hausgemachten Tomaten-Sugo zu bestreichen, dann knurrt der Magen schon mal in Vorfreude auf die runden Meisterwerke. Die einfachste aller Arten, die Margherita, schlicht verfeinert mit frischem Mozzarella, Basilikum und Tomaten, ist zwar simpel, aber jede einzelne Kalorie wert.

➔ ENZO

Maxvorstadt | www.enzo-pizza.de | Di–So 17.30–24 Uhr | Nordendstr. 24 | Tel. 089 27 37 15 94

WÜRSTL UND SELBSTGEBRAUTES

Hopfenhäcker, Haidhausens neuer Stolz, ist noch ein Frischling der Münchner Brauereiszene. Doch mit Werner Schuegraf zählt ein Braumeister der ersten Stunde zum Team, der einst in den 80ern schon im Isarbräu ein besonders süffiges Weißbier braute. Nun hat er seine Sudkessel im Hinterhof stehen und liefert seinen Roten Münchner, die IP Brothers oder den Wuiderer in die angeschlossene Wirtschaft, wo frische Würstl auf dem Grill brutzeln. Alles ebenfalls Meisterstücke namhafter Metzger zum Feierabendbier.

➔ DAS MEISTERSTÜCK

Haidhausen | www.dasmeisterstueck.de | Mo/Di 16–22, Mi–Sa 11–22 Uhr | Weißenburgerstr. 16 | Tel. 089 48 99 67 77

WIE IN FLORENZ ODER MAILAND

Unseren Nachbarn aus Italien sei Dank, es brummt nur so in der Schrannenhalle. Das beweist auch, dass die italienische Lebenskultur den Münchnern heilig ist. Wo man hinschaut, man wird geradezu berauscht von all den Köstlichkeiten aus den Regionen zwischen Südtirol und Sizilien – Pecorino, Schinken und erst die hausgemachte Pasta in allen Variationen! Eine ideale Ergänzung zum Viktualienmarkt. Zum Glück mit INSIDER TIPP längeren Öffnungszeiten, Mini-Trattorias sowie einem Italo-Pop-up-Restaurant.

➔ EATALY

Altstadt-Lehel | www.eataly.net/de_de/ | Mo–Sa 11.30–22.30, So 11.30–21.30 Uhr | Viktualienmarkt 15 | Tel. 089 2 48 81 77 11

ABER BITTE MIT SANO

Sushi als Stresslöser? Takaaki Sano war 1996 einer der ersten Japaner, der die Münchner auf den Sushi-Geschmack brachte. Seine Vorgabe: gute Qualität zu erschwinglichen Preisen. Egal ob Thunfisch-Makis oder Garnelen-Nigiris, in der traditionellen Nipponkombi, eingerahmt von Misosuppe und grünem Tee, mundet der kulinarische Ausflug nach Fernost am allerbesten.

SUSHI SANO

Altstadt-Lehel | www.sushi-sano.de | Mo–Sa 11.30–22 Uhr | Brunnstr. 6 | Tel. 089 26 74 90

VON WEGEN FAST FOOD

Einen Burger kreieren kann doch jeder! Doch Vorsicht, die im King Loui haben Suchtfaktor. Der Laden ist ganz weit vorne in der Burgerkultur. Selbst die Buns werden nach eigenem Rezept gebacken. Verantwortlich hierfür eine Münchner Traditionsbäckerei. Das Rindfleisch, mehrmals am Tag verwolft, kommt aus der Region und wer 4 Euro extra investiert, bekommt sogar 200 Gramm Premium-Fleisch vom Murnau-Werdenfelser-Rind.

KING LOUI

Schwanthalerhöhe | www.king-loui.com | Mo–Fr 11.30–14.30, 18–23, Sa 18–23, So 12–22 Uhr | Kazmairstr. 37 | Tel. 089 30 00 55 31

FRANKENWEIN UND WHISKY

Lump? Was ist das bitte für ein Name? Dahinter verbirgt sich kein betrügerischer Halunke, sondern eine der bekanntesten Lagen im Weinanbaugebiet Franken. In der Weinbar im Alten Hof wird also original bayerischer Rebensaft kredenzt, begleitet von regionalen Leckereien zwischen Bratwurst und geräucherter Forelle. Schmeckt auch mit Kollegen nach der Arbeit. In der warmen Jahreszeit INSIDER TIPP schlägt dort die Whiskybar »Zum Wolf« ihr Sommercamp auf und bringt andere Aromen ins Spiel.

WEINBAR LUMP

Altstadt-Lehel | www.lump-die-weinbar.de | tgl. 15–1 Uhr | Alter Hof 3 | Tel. 089 70 95 00 86

Lust auf Nudeln? Dann auf nach Eataly!

Prost!
Jetzt ein kühles Augustiner im Faun

ORIGINAL VIETNAM-STREETFOOD

Schon mal von Banh Mi in den Bann gezogen worden? Das ist ein belegtes Baguette im Saigon-Style mit einer Füllung aus Gurkenstreifen, Rettich, Karotte, Paté und Koriander. Dazu nach Wahl Pulled Chicken, mariniertes Rind oder Zitronengras-Tofu. Mal was ganz anderes aus Vietnam, schnell gemacht, gesund und preiswert obendrein. Wer alternativ lieber bei den Klassikern wie Pho Bo, den Reisnudelschalen oder den Reispapierrollen bleibt, schaut in den beiden Chi Thu-Restaurants auch nicht in die Röhre. So gut kann der Feierabend schmecken.

➔ CHI THU

Isarvorstadt | www.chithu.de | tgl. 11–21.30 Uhr | Pestalozzistr. 16 | Tel. 089 21 02 22 00
Isarvorstadt | tgl. 11–21.30 Uhr | Morassistr. 2 | Tel. 089 24 22 33 47

AUF DER BURGER-UMLAUFBAHN

3, 2, 1 … Start! Das saftige Rindfleisch für die Raketen-Burger kommt von regionalen Lieferanten, die für besonders respektvollen Umgang mit Tieren stehen. Die Buns stellt eine in München ansässige, französische Bäckerei her, die Fritten sind handgeschnitten und die Saucen hausgemacht. Alles bio, oder was? Kann man so sagen. Damit's nicht langweilig wird, gibt's in den mittlerweile drei Läden 20 Burger-Varianten, darunter auch sieben für ausgefleischte Veggies.

➔ GOLDENE RAKETE

www.goldene-rakete.com
Neuhausen | So–Do 11–23, Fr/Sa 11–24 Uhr | Schulstr. 2 | Tel. 089 18 94 72 96
Schwabing-Freimann | So–Do 11–23, Fr/Sa 11–24 Uhr | Ursulastr. 3 | Tel. 089 30 70 22 75
Isarvorstadt | So–Do 11–23, Fr/Sa 11–24 Uhr | Fraunhoferstr. 39 | Tel. 089 13 93 77 10

HIER GEHT DIE SONNE AUF

Japanisch essen gehen ist nicht immer mit teuren Sushi-Orgien gleichzusetzen. Es geht auch lässig-punkig und feierabendgerecht mit Tapas aus dem Land der aufgehenden Sonne oder Ramen-Suppen und Gyoza-Teigtaschen. Verführerisch ist dazu die breite Spirituosenauswahl, die von Sake und Shochu bis zu asiatisch angehauchten Cocktails reicht.

➔ USAGI

Isarvorstadt | www.usagi.bar | Mo–Do 17.30–24, Fr/Sa 17.30–1.30, So 17.30–22.30 Uhr | Thalkirchner Str. 16 | Tel. 089 55 29 35 81

GEMÜTLICHES GLÄSERRÜCKEN

Behaglich, lauschig, auf Bayerisch eben echt *griabig* ist die gleichnamige Weinbar schräg gegenüber vom Mandarin Oriental. Hölzernes Hüttenflair trifft hier auf eine Top-Weinauswahl mit knapp 100 Etiketten, überwiegend aus deutschen und österreichischen Anbaugebieten. Hunger nach dem stressigen Arbeitstag? Kein Problem. Die üppigen Brotzeitplatten gehen immer, aber auch die Gulaschsuppe oder die Schlutzkrapfen sind eine Versuchung wert.

➔ GRIABIG

Altstadt-Lehel | www.das-griabig .de | Di–Fr 16–23.30, Sa 14–23.30 Uhr | Bräuhausstr. 8 | Tel. 089 23 23 93 23

EIN BAYER IM GLOCKENBACH

Manche behaupten ja, dass Augustiner das Lieblingsbier der Münchner wäre. Nur gut, dass im Faun damit nicht nur gekocht wird, sondern es auch zur Kühlung der Kehlen dient. Zivile Preise, große Portionen, damit lockt man jeden hinterm Ofen hervor. Apropos Ofen, aus diesem kommt sonntags der Schweinsbraten frisch auf den Tisch. Die Augustiner-Dunkelbiersauce fehlt ebenfalls nicht. Dem FC Bayern kann man auf seiner Champions-League-Reise hier folgen.

➔ FAUN

Isarvorstadt | faun.mycosmos.biz | Di–Sa 10–1, So–Mo 10–24 Uhr | Hans-Sachs-Str. 17 | Tel. 089 26 37 98

DER BAYERISCHE SPANIER

Lust auf Wein und ein paar Tapas nach dem Schreibtisch-Marathon? Dann ab ins Dios Minga, das im Bohemian-Ethno-Look eingerichtet ist und etwa 40 verschiedene gute Tropfen aus Spanien, Deutschland und Österreich bietet. Dazu vielleicht eine »elegante Schmiererei«, also Bauernbrot mit drei hausgemachten Dips (Guacamole, Aioli und Obazda) und Oliven? Oder einen Flammkuchen? Wer größere Gelüste hat, greift zur bayerisch-südländischen Kombi Ochsenbackerl mit Polenta.

➔ DIOS MINGA

Isarvorstadt | www.diosminga.de | Mo–Sa 17.30–0.30 Uhr | Thalkirchner Str. 11 | Tel. 089 21 66 82 72

Nimm das, du lahmer Wochenstart!

LACHEN GARANTIERT

Jede Szene eine Premiere! Das TATwort-Team zählt zu den besten Improvisationskünstlern der Stadt, ein spaßiger Abend ist da keine Frage. Jeden letzten Montag im Monat, bei der TATwort Freestyle Show (16 bis 23 Euro), ist der Angriff auf die Lachmuskeln besonders groß.

THEATER DREHLEIER

Haidhausen | www.tatwort.de | Mo 19.30 Uhr | Rosenheimer Str. 123 | Tel. 089 48 27 42

VOLL AUF DIE ZEHN!

Es heißt nicht Kegeln, sorry, aber das ist ein anderer Sport. Zehn Pins gilt es in zwei Versuchen von der Bahn zu fegen. Besonders gut geht dies montags, wenn weder Late-Night-Bowling noch Bingo-Bowling angesagt sind. Also rein in die Spezialschuhe, gibt's direkt vor Ort, und dann die richtige Kugel geschnappt und schon geht's los. Der günstigste Zeitraum ist vor 18 Uhr oder nach 22 Uhr, dann kostet die Bahn nur 22 Euro.

➔ ISAR-BOWLING

Untergiesing | **www.isarbowling.de | Mo–Do 11–24, Fr 11–1, Sa 10–2, So 10–24 Uhr | Martin-Luther-Str. 22 | Tel. 089 6 92 45 12**

SING MY SONG

Ob Soulqueen oder Rockröhre, montags und mittwochs (ab 22 Uhr) gehört die Kennedy's-Bühne zukünftigen Gesangstars, die dem Publikum richtig einheizen. Manch eine Stimme überrascht und man fühlt sich wie bei Voice of Germany. Schräge Töne aus den Boxen? Macht nix, der Respekt gebührt auf jeden Fall allen. Also: Nur Mut und rein ins Rampenlicht.

➔ KENNEDY'S

Altstadt-Lehel | **www.kennedysmunich.com | Mo–Do 11–2, Fr/Sa 11–3, So 11–1 Uhr | Sendlinger-Tor-Platz 11 | Tel. 089 59 98 84 60**

DRALLERN AUSDRÜCKLICH VERBOTEN

Am Wochenende Party und Montag einfach nur mit netten Leuten abhängen und Spaß haben? Da muss man nicht die hohe Kunst des Kickerns an den hölzernen Spielfeldern der Stadt beherrschen. Wenn Amateure aufeinandertreffen, geht's heiß her, da lässt der Spaß nicht lange auf sich warten. Gleich zwei Kicker sind in der legendären Club-Kneipe im Einsatz. Im Eifer des Gefechts nicht vergessen: Drallern sieht hier niemand gerne.

➔ SUBSTANZ

Isarvorstadt | **www.substanz-club.de | Mo–Do 20–2, Fr/Sa 20–3, So 20–2 Uhr | Ruppertstr. 28 | Tel. 089 7 21 27 49**

MONTAGS MAL QUEER

Die Woche mal ruhig angehen lassen und im Plüschsessel ein bisschen Kultur genießen … Was hier auf den Leinwänden läuft, darf als anspruchsvoll bezeichnet werden. Dies ist mit Sicherheit einer der Gründe, warum kleinere Festivals gerne hierher kommen. Der wunderschöne Hinterhof zählt sicher auch dazu. Montags läuft auch die Reihe Mongay, die sich dem internationalen, schwullesbischen Film widmet.

➔ CITY-KINOS/ATELIER

Ludwigsvorstadt | **city-kinos.de | Mo 21.15 Uhr | Sonnenstr. 12 | Tel. 089 59 19 83 (tgl. ab 12 Uhr)**

FEIERABEND-BIER

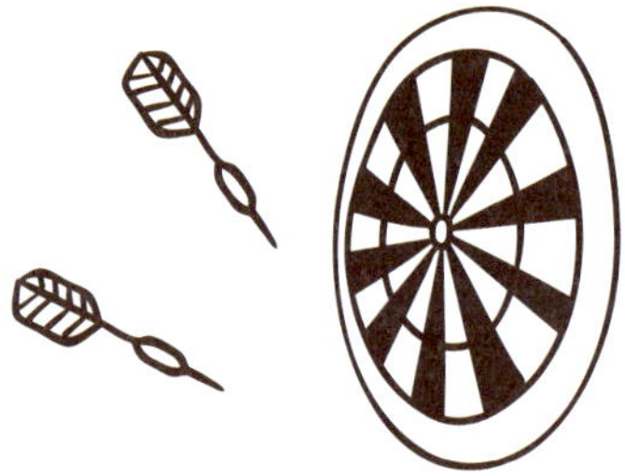

... das ham' wir uns verdient

PELIKAN AUF TAUCHSTATION

Lang wie ein Schiffsbauch, im vorderen Bereich mit einer gut sortierten Bar ausgestattet, hinten von DJs oder Livebands und Videoinstallationen in Bilderrahmen umringt, kann man im Unter Deck durchaus mal länger auf Tauchstation gehen – kritisch beäugt vom Haus-Maskottchen, einem Pelikan. Bier und Longdrinks sind hier die Standardflüssigkeiten zur Erfrischung. Wer sie, einem menschlichen Bedürfnis folgend, wieder wegbringen muss, sollte sich mangels erkennbarer Beschilderung merken: Mädels links, Jungs rechts!

➔ UNTER DECK

Altstadt-Lehel | facebook: UnterDeck | Mi–Sa 20–3 Uhr | Oberanger 26 | Tel. 089 24 29 37 11

KEIN ZAPF-STREICH

Exakt 14 Zapfhähne zählt die Thekenanlage in dieser Wohnzimmerkneipe im Schlachthofviertel. Die Hausmarke »Tilmans Biere« darf da natürlich nicht fehlen, aber ansonsten wechselt die Belegung mit Craftbieren aus aller Welt immer wieder mal. Die INSIDER TIPP »Bayerischen Hopfenspiele« bieten regelmäßig spannende Bierverkostungen mit Experten. Hier kann man tolle Neuentdeckungen machen.

➔ FRISCHES BIER

Isarvorstadt | www.frischesbier-muenchen.de | Mo–Do 17–1, Fr/Sa 17–2 Uhr | Thalkirchner Str. 53 | Tel. 0176 84 03 40 05

DA WIRD SELBST BERLIN NEIDISCH

Kultig, legendär, einfach einzigartig. Ja, man muss Florian Schönhofer danken, dass er dieses ehemalige Fotostudio aus den 50er-Jahren vor der Zerstörung gerettet hat. Die Wendeltreppe steht sogar unter Denkmalschutz. Zum Glück nicht seine Cocktails wie der Grasovka-Apfel, für den er monatlich über 200 Kilo Grannys direkt vom Bauern geliefert bekommt. Saublöd nur: Der Laden ist so beliebt, dass es schon mal verdammt eng wird.

➔ CAFÉ KOSMOS

Maxvorstadt | cafe-kosmos.de | Mo–Fr 12 bis mind. 1, Sa/So 14 bis mind. 3 Uhr | Dachauer Str. 7 | Tel. 089 55 29 58 67

Galaktisch
Jede Menge Traffic im Kosmos

HUNDLINGE UNTER SICH

Wer sich schon gefragt hat, wo eigentlich Ex-Registratur-Clubbetreiber David Walker steckt, stößt im Westend auf die Antwort. Er ist unter die Kneipiers gegangen und verkauft sein eigenes Bier, aber auch andere Craft-volle Gerstensäfte sowie einige Cocktailkreationen. Kneipensport-Fans finden hier eine der seltenen Gelegenheiten, an einem INSIDER TIPP Shuffleboard die Scheiben hin- und herflitzen zu lassen.

➔ **SCHWARZER DACKEL**

Schwanthalerhöhe | facebook: schwarzer-dackel | Di–Do 18–1, Fr/Sa 18–2 Uhr | Schwanthalerstr. 158

AUSPROBIEREN UND STUDIEREN

So ein Cocktail am Tresen hat schon was. Da kann es auch mal später werden. Die beiden Chefs haben sich eine neue Art des Genusses einfallen lassen. Und so präsentieren die Barkeeper ihre Kreationen wie den *Farang Mule* – Tanqueray Gin, Koriander, Zitronengras, Kaffir, Chilli, Ingwer, Lime und Ananasschäumchen – im Highball-Format. Sie nutzen kleinere Longdrink-Gläser, was den Vorteil hat, dass man sich tiefer durch die Karte trinken kann.

➔ **THE HIGH**

Isarvorstadt | www.drinkourballs.de | Di–Do 20–1, Fr/Sa 20–3 Uhr | Blumenstr. 15

FRISCHES BIER FÜR MÜNCHEN

Auf den Tisch kommt nur Selbstgebrautes. Nein, nicht das Bier vom großen Bruder aus Langwied, sondern ein Zwickl oder die Weiße direkt aus dem Braukessel. Und damit liegt das Bräuhaus voll im Trend. Denn Münchner Kleinstbrauereien sowie Craft-Brauer sind schwer im Kommen und gewinnen immer mehr Fans. Da lassen sich selbst gestandene Biertrinker mitreißen. Na denn, Prost!

➔ PAULANER BRÄUHAUS

Isarvorstadt | www.paulaner-brauhaus.de | tgl. ab 11 Uhr | Kapuzinerplatz 5 | Tel. 089 5446110

DA TANZT DAS HERZ

Erst mal steht man am Scheideweg: Gehen wir jetzt ins Restaurant oder runter in die Kellerbar? Eventuell fällt die Entscheidung gar nicht so schwer, denn die Bar ist sowieso nur von Donnerstag bis Samstag geöffnet. Das Speiselokal ist also eher der Alltagsbegleiter mit lokalem Bio-Food, guten Weinen und Craftbieren wie dem norddeutschen Hangar oder einem India Pale Ale aus Kalifornien. Um eine Grundlage zu schaffen, greifen größere Gruppen gern zum Vorspeisen-Quintett zum Teilen für 32 Euro.

➔ POLKA

Au-Haidhausen | www.polka-polka.de | Mo–Mi 18–24, Do 18–2, Fr/Sa 18–3 Uhr | Pariser Str. 38 | Tel. 089 89068301

Plopp

… tönt es verheißungsvoll aus dem Paulaner Bräuhaus

ERFRISCHEND SPRITZIG

Ja, es gibt auch Tresen, an denen hauptsächlich Wein fließt. Im Grapes ist dies jedenfalls der Fall, und zwar reichlich. Die beiden jungen Österreicher Stefan Grabler und Markus Hirschler haben der Hotelbar neues Leben eingehaucht. Soziale Medien gehören zu ihrer gelebten, frischen und modernen Weinkultur genauso dazu wie ihre INSIDERTIPP Bubble-up-Hour. Unter der Woche ab 17.30 und samstags ab 15 Uhr präsentieren sie ihre Interpretation des Aperitivos mit Winzersekt oder Champagner und leichten Köstlichkeiten.

GRAPES/CORTIINA HOTEL

Altstadt-Lehel | www.grapes-weinbar.de | Mo–Fr 17.30–1, Sa 15–1 Uhr | Ledererstr. 8 | Tel. 089 2 42 24 95 04

FRÄNKISCHEN WEIN SCHENKET EIN!

Viele Jahre schon gehen Pfälzer Weine in der Residenz über den Tresen, jetzt kommen ein paar Meter daneben auch die guten Tropfen aus Unterfranken zu ihrem Recht. Im alten Souvenirshop residiert die Frank Weinbar, gewissermaßen eine modern gestaltete Botschaft des fränkischen Weins, die ein abwechslungsreiches Sortiment zum Verkosten vor Ort oder auch zum Genießen daheim offeriert. Besser mit Basis bechern? Dann einfach die typisch fränkischen Sauren Zipfel oder eine Aufschnitt- bzw. Käseplatte ordern.

FRANK WEINBAR

Altstadt-Lehel | www.frank-weinbar.com | Mo–Fr 8.30–0.30, Sa 11–0.30, So 11–23 Uhr | Residenzstr. 1 | Tel. 089 23 23 74 92

TREIB'S WILD!

Besonders beliebt in der Wuid Barwirtschaft: das Gin-Tasting am Dienstag mit drei kleinen Gin Tonics zum Probieren für 12,90 Euro. Aber auch am Wochenende legt man hier einen blitzsauberen Start hin. Kein Wunder bei dem großen Gin-Tonic-Variantenreichtum, den üppigen Burgern und den modern interpretierten, bayerischen Schmankerln zum Essen.

WUID

Untergiesing | www.wuidbar.de | Mo–Do 17–1, Fr/Sa 17–3 Uhr | Humboldtstr. 20 | Tel. 089 46 13 81 64

VON WEGEN ANGEPASST

Eine Münchner Boazn, sprich Kneipe, durch und durch. Da fühlen sich auch Rockabillys wie zu Hause. Noch dazu, wenn live gerockt wird. Hier gibt's noch Münchner Underground, wie man ihn nicht mehr so oft findet, und das fast bis der Hahn kräht. Und sonst? Das Ambiente schön in dunklem Gewand und der Gast trägt selbstverständlich Tattoos.

SCHWARZER HAHN

Au | www.schwarzer-hahn.com | Mo–Mi 20–1, Do–Sa 20–3 Uhr | Ohlmüllerstr. 8 | Tel. 0173 3 61 92 37

ZUM ABHOTTEN IN DEN KELLER

Die Mischung aus Restaurant und Bar, im Keller befindet sich die Totem Bar, geht im Univiertel logischerweise voll auf. Da lässt es sich gemütlich an den Tresen über die eigenen Studententage philosophieren und nebenbei eine der reichhaltigen Bowls genießen. Lecker: die *Gaucho Bowl* mit Quinoa und spicy Rind. INSIDERTIPP Als Mietobjekt heiß begehrt ist die Totem Bar, in der Privatfeten stattfinden.

KATOPAZZO

Maxvorstadt | www.katopazzo.de | Mo–Do 17–1, Fr/Sa 17–2 Uhr | Amalienstr. 87 | Tel. 089 44 38 71 14

Couch am Abend? Langweilig!

Runter vom Sofa – rein in die Stadt!

ALL-WISSEND?

Statt vom sicheren Sofa aus vor der Glotze mitzuraten, besser zur Generalprobe für »Wer wird Millionär« gehen. Denn beim Pubquiz, jeden Donnerstag ab 19 Uhr, geht es zur Sache. Ob im Team oder alleine, wer mal ins Fernsehen will, sollte sich hier ausprobieren. So allwissend man auch scheint, in der Öffentlichkeit und unter Zeitdruck ist es eben doch etwas anderes als auf dem Sofa.

➔ THE SHAMROCK

Schwabing-Freimann | shamrockmunich.de | Mo 20–24, Di 19–1, Mi/Do 19–24, Fr/Sa 18–2 Uhr | Trautenwolfstr. 6 | Tel. 089 33 10 81

COCKTAIL UND ART

Was für eine interessante Kombination. Da werden auch Kunstmuffel weich und tauschen Pantoffel gegen Ausgehschuhe. Zuerst geht es durch eine der aktuellen Ausstellungen, selbstverständlich mit eigenem Guide. Und anschließend folgt die Belohnung in der Goldenen Bar, wo eine köstliche Cocktail-Kreation wartet. Das Ganze gibt's für 17 Euro.

➔ HAUS DER KUNST

Altstadt-Lehel | www.hausderkunst.de | Fr–Mi 10–20, Do 10–22 Uhr | Prinzregentenstr. 1 | Tel. 089 21 12 71 13

SCHWITZEN WIE CÄSAR

Ja, die guten alten Römer wussten es schon, im *domum* wird nicht sauniert, also nichts wie ins *sudatorium*. Und so ist es nicht weiter verwunderlich, dass das römisch-irische Schwitzbad mit seinen ca. 45 Grad Celsius selbst den härtesten Muskel entspannen lässt. Zum Wellnesskonzept gehören auch verschieden temperierte Warm- und Heißlufträume. Und danach wie Cäsar zur Massage.

➔ MÜLLER'SCHES VOLKSBAD

Au | www.swm.de | Bad: tgl. 7.30–23, Sauna: tgl. 9–23 Uhr | Rosenheimer Str. 1 | Tel. 089 23 61 50 50

SO WEIT DIE FÜSSE TRAGEN

Auf, auf, liebe Couchpotatoes und raus in den Englischen Garten, wo die Lauftrainer schon warten. Dieser INSIDER TIPP kostenlose Lauftreff ist die beste Gelegenheit, endlich einmal den inneren Schweinehund zu überwinden. Und keine Angst, für Ungeübte gibt es extra ein Einsteigertraining samt Gehpausen. Gelaufen wird immer, selbst starker Regen ist hier keine Ausrede wert.

➔ HVB SPORTCLUB

Altstadt-Lehel | www.bkk-mobil-oil.de/trainingszone/laufen/lauftreff.html | Di 19 Uhr | Am Eisbach 5

EIN TAG AM MEER

Endlich den Alltagsstress hinter sich lassen, davon träumt doch jeder, aber bitte nicht langweilig auf der Couch. Der Weg zum nächsten Meer ist weit, aber der entspannende Salzeffekt findet sich auch hier. Münchens Salzgrotte ist mit dem weißen Gold vom Toten und Roten Meer ausgestattet. Ganze 13 Euro kostet dieser Kurztrip (45 Minuten) ans Meer.

➔ SALZAMBIENTE

Au | www.salzambiente.de | Mo/Di 10–19, Mi 13–21, Do/Sa 10–15, Fr 10–19 Uhr | Sommerstr. 24 | Tel. 089 63 85 10 70

WOCHEN-ENDE – FEIER-ALARM

GRUNDLAGE SCHAFFEN

Keine Party auf leeren Magen!

KLASSE KEBAP

Wo es den besten Döner der Stadt gibt, da scheiden sich die Geister bzw. Geschmäcker. Verdammt gut ist der Kebapburger auf jeden Fall im Türkitch, dank frischer Minze, gegrilltem Gemüse und frischen Zitronen. Aber auch vor neuen Kompositionen schreckt hier niemand zurück. Also dann, ein Obazda Dürüm, bitte!

➔ TÜRKITCH

Untergiesing | facebook: tuerkitch | Humboldtstr. 20 | Mo–Sa 11–22, So 13–22 Uhr | Tel. 089 89 05 69 63

FLIRTEN WIE EIN ITALIENER

Ganz schön voll hier! Ja mei. Die Bar Comercial in den Fünf Höfen ist halt ein beliebter Ausgangspunkt für eine lange Nacht, da muss man im engen Gang vor der Bar schon mal etwas Slalom laufen. Aber sobald man ein Plätzchen gefunden hat, verschaffen einem die guten Pizzen eine solide Basis und der süffige Wein lockert schnell die Zunge. Gut so, denn die Tischnachbarn sind nicht auf den Mund gefallen. Hier gehört Flirten einfach zum guten Ton. Und vielleicht findet man ja noch Begleitung für die restliche Abendtour …

➔ BAR COMERCIAL

Altstadt-Lehel | www.barcomercial.de | Mo–Sa 9–1, So 12–24 Uhr | Theatinerstr. 16 | Tel. 089 20 70 02 66

MINI-BURGER, MAXI-GESCHMACK

Ein bisschen Abwechslung schadet ja wohl auch bei Burgern nicht. Beim kleinen Flo gibt's das US-Nationalgericht daher im Kleinformat. Also kann man, wie beim Tapas essen, einfach mehrere Burger aus der Palette von insgesamt etwa 25 bestellen und statt normaler Pommes auch mal Ofenkartoffeln oder einen Caesar Salad. Aber besser reservieren, denn nomen est omen.

➔ DER KLEINE FLO

Altstadt-Lehel | www.derkleineflo.de | Mo–Do 11–22, Fr/Sa 11–23 Uhr | Josephspitalstr. 4 | Tel. 089 99 01 88 65

Zum Reinbeißen

Eine internationale Burgerschaft hat sich in dcr Hamburgerei versammelt

SIND SIE ZU SCHARF – BIST DU ZU SCHWACH

In der Gute Nacht Wurst können sich höllisch heiße Nachtschwärmer gerne mal dem Schärfe-Contest stellen und für 11 Euro Currywürste ohne Ende verdrücken. Einziger Haken: Von Wurst zu Wurst rückt der Blackout näher. Stufe 6 ist angeblich 2000-mal schärfer als Tabasco. Na dann, gute Nacht. Oder vielleicht doch lieber die normale rote, weiße oder Berliner Currywurst mit einer von vier verschiedenen Saucen? Schmeckt am Wochenende auch noch nach Mitternacht.

GUTE NACHT WURST

Isarvorstadt | www.gute-nacht-wurst.heliohost.org | So/Mo 18–24, Di–Do 18–1, Fr/Sa 18–4 Uhr | Klenzestr. 32 | Tel. 089 89 06 97 83

GRENZÜBERSCHREITENDE BURGER

Hamburger sind ja so was von »American«, da wird doch wohl kein Mexikaner die Grenzen überschreiten? In der bunt bestuhlten, originalen Hamburgerei Nähe Stiglmaierplatz schon. Da trump(f)t der schön scharfe Mexikaner-Burger mit Guacamole, gegrilltem Speck, Jalapenos und Tortilla-Chips auf! Überhaupt ist die Burger-Schaft hier ganz schön international: Perser, Sizilianer, Franzosen, Norweger und Trojaner mischen kräftig mit.

HAMBURGEREI

Maxvorstadt | www.hamburgerei.de | So–Do 11.30–22, Fr/Sa 11.30–23 Uhr | Briennerstr. 49 | Tel. 089 20 09 20 15

BURGER UND RIBS AUS DEM SMOKER

2008 fing alles an. Der mobile Straßenverkauf (Eat The Street) verwandelte sich 2012 in einen Imbiss, bevor Ruff dem verlockenden Ruf eines Restaurants erlag. Mehr Platz, mehr Auswahl. Also kam zum Burgergrill noch ein Smoker. Volltreffer! Die typisch amerikanischen, zuvor gesmoketen BBQ-Spezialitäten wie Baby Back Ribs oder Pulled Pork schmecken ganz wunderbar nach Lagerfeuer. Die belgischen Pommes sind auch nicht zu verachten und auf Wunsch in sieben Varianten individuell zu pimpen.

RUFF'S BURGER & BBQ

Schwabing-Freimann | www.ruffsburger.de | Mo–Fr 17–23, Sa/So 12–23 Uhr | Occamstr. 4 | Tel. 089 12 59 89 46

FREIHEITS-THAI

Zugegeben, an der Münchner Freiheit sieht's so gar nicht wie in Bangkok aus, aber einen Imbiss mit thailändischer Garküche gibt's trotzdem. Im Mun Mun munden Leckereien wie die Tom-Kha-Gai-Suppe, der Laab-Gai-Salat und die Garnelen im grünen Curry wunderbar und wecken zugleich schöne, respektive scharfe Erinnerungen an den letzten Asienaufenthalt.

MUN MUN

Schwabing-Freimann | www.munmun.de | tgl. 11–22 Uhr | Münchner Freiheit 18 | Tel. 089 24 88 17 58 8

REDUZIERT AUFS NÖTIGSTE

Bier & Wurst verkündet schon der Untertitel im Imbiss neben dem Café Kosmos und diese Reduziertheit hat auch aufs Interieur übergegriffen, das ein wenig Wartesaal-Flair mit Wandmalereien kombiniert. Aber das Personal ist dafür supernett, das Tankbier supersüffig und die Rindswurst mit dem grobkörnigen Senf ein Fall für eine zweite Sünde. Fantastisch schmeckt auch INSIDER TIPP der eingelegte Camembert mit Zwiebelringen, der meist unter der Hand über den Tresen wandert.

BUFET

Maxvorstadt | www.bufet.de | Mo–Fr 16–24, Sa 18–1 Uhr | Dachauer Str. 7a | Tel. 089 55 27 59 65

POMMES-POWER

Die Belgier haben nicht nur beim Bier interessante Einfälle, sie rösten auch ihre fingerdicken Pommes frites gerne doppelt. Hält einfach besser, dachten sich auch die Macher der Pommes Boutique hinter der LMU und werfen zu den Kartoffelsticks noch 20 verschiedene Dips in den Ring. Wem die Pommes-Power nicht genügt, der kann auch mit Gurken-Minz-Salat, Feta in Sesam-Nuss-Kruste oder Garnelenspießen nachrüsten.

POMMES BOUTIQUE

Maxvorstadt | www.pommesboutique.de | Mo–Sa 10–22, So 12–20 Uhr | Amalienstr. 46 | Tel. 089 95 47 33 12

Grüß Gott,
das Bufet ist eröffnet!

ANLAUF NEHMEN

... für die Nacht

ROSIGE AUSSICHTEN

Interessante Idee: Sowohl die Drinks als auch das Essen sind in der separat zugänglichen Hotelbar des City Hilton in die vier Kategorien holzig, pflanzlich, blumig und fruchtig untergliedert. Aus der ersten Schublade und besonders spektakulär: der »Maple Walnut Old Fashioned«, der mit Ahornholzrauch unter einer gläsernen Glocke kredenzt wird – diese Dampfmaschine bringt euch auf Touren. Der INSIDER TIPP »Martini Monday« macht den Wochenanfang mit spannenden Mixturen leichter erträglich, unbedingt mal ausprobieren!

JULIET ROSE BAR

Haidhausen | www.julietrosebar.com | So–Mi 9–1, Do–Sa 9–2 Uhr | Rosenheimer Str. 15 | Tel. 089 48 04 87 17

Cocktail-laune

Toller Abend, beste Mixgetränke – da fühlt man sich wie im Urlaub in Le Florida

DIE SODA-APOTHEKE

Die Wölfe haben auch einen Rückzugsort am Gärtnerplatz. Nach der Bar Zum Wolf und dem Diner Little Wolf lockt auch Wolf's Farmacy das Rudel der Durstigen an. Gleich beim Theater lässt Betreiber Wolfgang Götz in seiner »Apotheke« die Idee einer amerikanischen Soda-Bar aufleben. Im Fokus stehen selbst gemachte Limonaden auf Sirupbasis, die mit Soda aufgefüllt werden, in der cremigen Variante gern auch noch von Vanille-Eis getoppt. Die Sodas werden mit fassgelagerten Whisky-Drinks kombiniert, was völlig neue Geschmackserlebnisse erzeugt. INSIDER TIPP Bär-(t)ige Idee für Großstadt-Wölfe: Im Hinterzimmer ist ein kleiner Barbershop integriert.

WOLF'S FARMACY

Isarvorstadt | www.wolfsfarmacy.de | Di–Sa ab 18 Uhr | Klenzestr. 30 | Tel. 089 26 94 93 92

TRINKEN MIT BUD SPENCER

Wer eine Loretta erwartet, wird vielleicht enttäuscht sein. Dafür hängt Bud Spencers Konterfei im Laden und es gibt Buds legendäre Bohnenpfanne zu essen. Die Gastgeber Kristijan Krolo und Florian Rath geben sich auch sonst alle Mühe, die fehlende italienische Mamma zu ersetzen. So haben sie mehr als 60 verschiedene Amaro-Bitters in ihrem Kräuterlikör-Schrank neben der Bar versammelt. Auch die Weinauswahl ist fantastisch. Und wer gerne Cocktail-Experimente eingeht, wird ebenfalls überaus positiv überrascht.

LORETTA BAR

Isarvorstadt | www.loretta-bar.de | Mo–Do 8–1, Fr 8–3, Sa 9–3, So 10–19 Uhr | Müllerstr. 50 | Tel. 089 23 07 73 70

GIESING, OIDA!

Giesing, das Gehege der Löwen, der Arbeiterschaft und der Boazn-Betreiber, entwickelt sich immer mehr zum lässigen Hipster-Quartier. Eine schummrige Höhle mit Ausschanklizenz namens Riffraff (engl. für Gesindel) ist ein weiterer Grundstein für höhere Szeneweihen. Am Tresen stiftet das Erdinger Stiftungsbräu zu weiteren Getränkerunden an und die DJs an den Plattentellern untermalen die zwielichtige Szenerie mit erhellenden Songs.

RIFFRAFF

Obergiesing | facebook: riffraff089 | Di–Do 19–1, Fr/Sa 19–3 Uhr | Tegernseer Landstr. 96 | Tel. 089 85 63 87 22

MIX DIR DEINEN GIN

So farbenfroh das Lichterspiel sich auch gibt, so relaxed ist die Atmosphäre. Bei Gin-Fans steht das Le Florida sowieso ganz weit oben. 30 exquisite Sorten stehen auf der Karte, die sich gerne mit Tonic Water von Thomas Henry, Fever Tree, Aqua Monaco oder 1724 paaren. Zur Stärkung gibt es dann noch einen *Le Florida Burger*. Hier lässt es sich bestens einen langen Abend einläuten.

LE FLORIDA

Schwabing-West | www.leflorida.de | tgl. ab 18 Uhr | Georgenstr. 48 | Tel. 089 44 42 95 55

DENKWÜRDIG

Bitte keine Schwellenangst! Diese Hotelbar im Mandarin Oriental hat einen separaten Eingang und ist ein Kleinod in der City. Intim illuminiert, bequeme Plüschsitze, eine Art Leuchtfächer über der Bar und extravagante Drinks mit fotoreifer Garnitur. So kommt der rauchige »Smokin' Aces« mit einer Spielkarte am Glasrand daher. Aber auch Klassiker ohne viel Firlefanz wie der Negroni überzeugen total, weil das Barteam geschickt mit Spirits und Bitters experimentiert. Wie in einem Nobelhotel üblich, muss man schon ein paar mehr Euronen investieren, aber es lohnt sich.

ORY BAR

Altstadt-Lehel | www.ory.bar | So–Mi 15–1, Do–Sa 15–3 Uhr | Neuturmstr. 1 | Tel. 089 5 88 05 45 70

VERWINKELTE KELLERBAR MIT SEELE

Etwas ab vom Schuss gelegen, aber doch ein echter Volltreffer! In der verwinkelten Kellerbar Call Soul, namentlich angelehnt an die TV-Serie »Better Call Saul«, läuft ein ziemlich geiler Film. Der erste Hingucker ist der Bartresen, der nicht an der Wand endet, sondern sich wie eine Spirale über die Köpfe der Gäste hinweg in den nächsten Raum schlängelt. Zweiter Eyecatcher sind die interessant angerichteten Drinks, die schon mal im Totenkopf-Glas kommen oder auf dem Rücken eines Mini-Astronauten mit Feuerwerk serviert werden. Die Jungs haben immer wieder amüsante Ideen, mit denen sie auch ihre hauseigenen Spirituosen im besten Licht erscheinen lassen.

CALL SOUL

Schwabing-Freimann | www.call-soul-restaurant-und-bar-schwabing.de | Mo–Do 18–23, Fr/Sa 18–2 Uhr | Biedersteiner Str. 6 | Tel. 089 45 20 66 55

FEIERABEND MIT FERNBLICK

So unscheinbar der Eingang ist, an dem man schon mal vorbeiläuft, so traumhaft lässt es sich bis 22 Uhr auf der Dachterrasse chillen. Und wenn es dazu dann noch feinste Kreationen von den Mixologen des Hauses gibt, wie von Robin Bruderhofer, dann kann an dem Abend nichts mehr schiefgehen. Der Signature Drink: Wanderlust Sour.

FLUSHING MEADOWS

Isarvorstadt | flushingmeadowshotel.com/bar | Barbetrieb tgl. 17–2 Uhr | Fraunhoferstr. 32 | Tel. 089 55 27 91 70

PLATZMANGEL, ABER RUM IM ÜBERFLUSS

Münchens kleinste Bar schließt man ganz schnell ins Herz. Gerade mal 20 Sitzplätze bietet der Barroom, aber das macht es ja so schön familiär. Großes Kino: die enorme Bandbreite an Rum-Köstlichkeiten aus aller Welt. Also einfach mal zurücklehnen und dem Gastgeber Emanuel Ingusci vertrauen, der einem dieses köstliche Zuckerrohrprodukt bis ins letzte Detail nahebringt. So eine Rum-Reise kann dann schon einmal etwas länger dauern.

BARROOM

Haidhausen | www.barroom-muenchen.de | Di–Sa ab 20 Uhr | Milchstr. 17 | Tel. 089 44 14 27 62

CLUB-HOPPING

Lass sie raus, die Dancing Queen

POP-ART-CLUB

Zwei Seelen in einer Brust verspürte nicht nur Goethes Faust, sondern auch Andy Warhol. Er wandelte innerlich zwischen Dracula und Cinderella, kurz Drella, hin und her. Durchgeknallte Performances waren zudem eine Spezialität der Pop-Art-Ikone. So passt der Name gut zum Club am Maximiliansplatz, der mit verkleidetem und geschminktem Personal und amüsanten Showeinlagen jede Menge Farbe ins Nachtleben bringt.

➔ CALL ME DRELLA

Maxvorstadt | www.drella.de | Do–Sa ab 22 Uhr | Maximiliansplatz 5 | Tel. 0174 6 11 99 99

INDIE-WOHNZIMMER

Polstersessel neben Jetski, Riesenfensterfronten vs. Holzdecke mit Glühbirnen im Karussell-Look – das ist ja mal eine kontrastreiche Einrichtung! Musikalisch suchen die DJs auch eher die Nische und tauchen tief in die Indie-Schublade hinab, manchmal schürfen sie nach den Schätzen der 90er. Ab und zu stellen sich auch hörenswerte Bands ins Rampenlicht.

➔ CORD CLUB

Ludwigsvorstadt | www.cord-muenchen.de | Mi–Sa 23–5 Uhr | Sonnenstr. 18 | Tel. 089 54 54 07 80

Kennen wir uns?

Egal, wer du bist, just Call me Drella

VOM BLITZ GETROFFEN

Im Frühjahr 2017 ist der Blitz im Deutschen Museum eingeschlagen. Im ehemaligen Forum der Technik kocht erst der Chef de Cuisine im Restaurant und anschließend die Stimmung im Club, der der mp3-Generation dank eines ausgeklügelten Klangkonzeptes 1A-Musikgenuss verspricht. Zwei getrennte Dancefloors mit vorwiegend elektronischer Musik und ein großer Barbereich verwandeln die museale Umgebung in einen lässigen Underground-Spot.

➔ BLITZ CLUB

Au | www.blitz.club | Fr/Sa ab 23 Uhr | Museumsinsel 1

JUMP!

Mit der einstigen Weltrekordweite von Weitspringer Bob Beamon (8,90 Meter) würde man hier geschätzt auch von der Bar bis ans oft prominent besetzte DJ-Pult springen. Die familiäre, schummrig beleuchetete und high-fidel beschallte Location ist seit dem Frühjahr 2019 unter neuer Leitung. Musikalisch haben die Technologen das Sagen. Und ein Blick auf die Wetter-App verrät, ob man auch die schöne Terrasse auskosten kann.

➔ BOB BEAMAN

Maxvorstadt | www.bobbeamanclub.com | Fr/Sa ab 23 Uhr | Gabelsbergerstr. 4

CRUXIFIX!

Hip-Hop der neuesten Bauart unter einem 800 Jahre alten Kreuzgewölbe. Gegensätze ziehen sich eben an. Das merkt man vor allem am ›Mixwoch‹. An diesem Abend schicken die DJs Punk, Oldies, Funk, Hip-Hop und was ihnen sonst noch einfällt, einfach mal wild durcheinander ins Rennen und erzeugen so verdutzte bis beseelte Gesichter bei der wogenden Crowd vor ihnen.

➔ CRUX

Altstadt-Lehel | www.crux.me | Mi, Fr, Sa ab 23 Uhr | Ledererstr. 3 | Tel. 089 23 23 29 73

Macht glücklich
Musik hören, chillen, feiern im Lucky Who

IMMER WAS LOS

Die Milchbar hat die 20 schon geknackt! Seit über zwei Jahrzehnte existiert der Flirttempel nun schon an wechselnden Orten in der Stadt. Die dominierende Farbe Rot ist in all den Jahren geblieben, gibt halt einfach einen schönen Teint auf der Tanzfläche unter der beweglichen, durchlöcherten Decke. Weiterer Pluspunkt: Hier ist auch unter der Woche was los, egal ob am Blue Monday oder am Milchbar-90-Donnerstag.

MILCHBAR

Altstadt-Lehel | facebook: milchundbar | Mo–Sa ab 22 Uhr | Sonnenstr. 27 | Tel. 089 45 02 88 18

TERRASSE NACH MITTERNACHT

Glücklich, wer mitten in der Stadt im Sommer auf einer Terrasse, umgeben von beleuchteten Blumentöpfen im Großformat, eine laue Sommernacht genießen kann. Im anwohnerarmen Block, in dem sich das Lucky Who befindet, ist das erfreulicherweise möglich. Innen: stilvoll gelassene Gestaltung, bei der von Restaurant, Bar bis hin zur Chill-Lounge jedes Segment bedient wird. Das Lucky Who hat seine Küche aufgerüstet und bietet jetzt INSIDER TIPP auch Fine Dining zwischen Saiblingsfilet und Rib-Eye-Steak.

LUCKY WHO

Maxvorstadt | www.luckywho.de | Do 18–3, Fr/Sa 18–5 Uhr | Briennerstr. 14 | Tel. 0176 80 44 39 93

SCHWUL UND COOL

Die letzte explizite Schwulen-Disko der Stadt residiert am Alten Botanischen Garten neben dem Justizpalast. Die verwinkelte Location auf mehreren Ebenen und die großzügige, die ganze Nacht geöffnete Terrasse mit Bäumen und Außenbar machen den besonderen Charme des NY.Club aus. Frischluft schnappen mit einem Drink in der Hand ist hier also kein Problem. INSIDER TIPP Der »Sunday Club« bietet jeden Sonntag ab 20 Uhr einen wunderbaren Wochenendausklang – und das bei freiem Eintritt!

NY.CLUB

Maxvorstadt | www.nyclub.de | Fr/Sa ab 23, So 20–1 Uhr | Elisenstr. 3

HOHE VIDEOKUNST MIT BEATS

Da waren wohl echte Krimifans zugange. Ein Club, der nach TV-Kommissar Derricks Assistent benannt ist. Der Spannungsbogen stimmt hier auf jeden Fall und dieser ominöse Harry Klein taucht auch deutschlandweit in den Bestenlisten auf. Das feine elektronische Booking und die optischen Reize, die von wechselnden Visual Artists live an die meterhohe Wand im DJ-Eck projiziert werden, spielen da sicherlich eine Rolle.

HARRY KLEIN

Ludwigsvorstadt | www.harrykleinclub.de | Mi–Sa ab 23 Uhr | Sonnenstr. 8 | Tel. 089 40 28 74 00

CLUB-VETERAN

Über 100 000 Facebook-Fans und rekordverdächtige 34 Jahre hat das P1 auf dem Buckel, den Türstehern können manche Gäste aber wie eh und je den Buckel herunterrutschen. Die Einlassregularien sind zwar durchlässiger als in den 80ern, aber ein bisserl schick ist immer noch angesagt. Nach dem Überwinden dieser Schwelle stellt sich die Frage, welche der zwei Areas musikalisch genehm ist. Im Zweifel ist es die echt schöne Terrasse im Sommer.

P1

Altstadt-Lehel | www.p1-club.de | Do–So ab 23 Uhr | Prinzregentenstr. 1 | Tel. 089 2 11 11 40

HOLZ-BANK-SAUNA

Alles holzvertäfelt, nomen est omen. Kaum zu fassen, dass in den Räumen der Sauna mal eine Bank residierte. Euros wechseln hier immer noch den Besitzer, sie werden aber ausschließlich gegen Flüssiges eingetauscht. Aus den klangvollen Boxentürmen kommen währenddessen ordentliche Druckwellen, überwiegend hervorgerufen von partytauglicher Musik aus den 1990er-Jahren. Wer sich mit seinem Flirt vernünftig unterhalten möchte, geht lieber raus auf die kleine Innenhof-Terrasse.

SAUNA

Maxvorstadt | www.s-a-u-n-a.de | Mi–Sa ab 22 Uhr | Marsstr. 22 | Tel. 0170 2 74 07 60

AFTERHOUR-DAUERBRENNER

So wie ein Marathon nicht nach 10 Kilometern zu Ende ist, erstrecken sich auch die Nächte im Palais seit nunmehr 17 Jahren bis in die Mittagszeit. Also Afterhour bis die Füße weh tun, denn die werden ordentlich beansprucht, wenn die House-Meister ihre elektronischen Schaltkreise zusammenbauen und magnetische Kräfte auf dem Dancefloor wirken. Allzu frühe Vögel landen übrigens noch im leeren Käfig, während ausdauernde Spätstarter einen Käfig voller Narren erleben.

PALAIS

Maxvorstadt | www.palaisclub.de | Fr/Sa ab 23.59 Uhr | Arnulfstr. 16–18 | Tel. 089 51 26 72 95

FOLKS-MUSIK FÜR INDIEANER

Dem vor Jahren geschlossenen, legendären Atomic Café weinen ja viele Münchner noch eine Träne nach. Seit Herbst 2018 versucht der Folks Club am Sendlinger Tor, mit Indie, Britpop, Alternative, Funk und Soul in diese großen Fußstapfen zu treten. Das gelingt ziemlich gut. Der schummrige, reichlich bebilderte und psychedelisch tapezierte Kellerclub verbreitet viel Charme.

FOLKS CLUB

Isarvorstadt | www.munich-folks.com | Mi–Sa 22–5 Uhr | Thalkirchner Str. 2 | Tel. 0152 25 95 51 39

ATEMLOS UNTER DER DISKOKUGEL

Früher war alles besser. Ach was! Die farbenfrohe Disko Helene erinnert ein wenig an vergangene Zeiten, als an der Münchner Freiheit noch das Nachtleben tobte. Die Musik von damals erklingt zwar nur noch vereinzelt, statt dessen sind die 90er- und die Nuller-Jahre ganz weit vorn. Der Flirtstimmung unter der riesigen Diskokugel ist das durchaus zuträglich. Und wer mag, kann sich vorm Tanzen im dazugehörigen Restaurant noch schmackhaft asiatisch stärken.

HELENE

Schwabing-Freimann | helene-liebt-dich.de | Do–Sa ab 23 Uhr | Occamstr. 5 | Tel. 089 74 03 52 09

Abtauchen
im Nachtbad, bis der Morgen graut

EIN BISSCHEN IBIZA-FEELING

Etwas Ibiza-Partyfeeling gefällig? Eine kleine Dosis davon bekommt man in München am ehesten im Pacha, auch wenn das verrückte Insel-Nachtleben schwer zu toppen ist. Aber immerhin sind im Club mit dem Kirsch-Logo große DJ-Stars am Start, die Gogo-Tänzerinnen überaus ansehnlich und die Terrasse verbreitet zumindest im Sommer etwas Urlaubsflair. Bei plötzlichem Late-Night-Hunger bietet die Pizza im überdachten Wintergarten eine wohlschmeckende Lösung.

➔ PACHA
Maxvorstadt | www.pacha-muenchen.de | Mi ab 22, Do ab 20, Fr/Sa ab 23 Uhr | Maximiliansplatz 5 | Tel. 089 30905 08 50

UNTERIRDISCHE FEUCHTGEBIETE

Eine ehemalige Schwulensauna hat sich Anfang 2017 in einen schwülen Mix aus Bar und Club verwandelt. Der Name Nachtbad ist gut gewählt, zahlreiche Reminiszenzen an die Vergangenheit wie die Spinde blieben bestehen, aus dem Duschkopf im Clubraum rauscht sogar noch Wasser. Das feuchte Klima in den verwinkelten Räumlichkeiten kann man im eigenen Leib wunderbar mit Longdrinks oder Bierchen nachahmen und dabei zu den funky Hip-Hop-Beats ordentlich mitwippen.

➔ NACHTBAD
Isarvorstadt | www.nachtbad.de | Fr/Sa ab 23 Uhr | Müllerstr. 54 | Tel. 0172 1066687

Mädels-tour

Heut bleiben die Kerle zuhause

Erst mal eine gesunde Basis schaffen: Also her mit einer orientalischen Bowl, vegetarischen Beilagen oder einem Salat! Praktischerweise beginnt um 19 Uhr auch der Barbetrieb im Bikini Mitte gegenüber vom Café Cord. Da darf's also ruhig ein erster Gin Tonic oder auch ein Dark'n Stormy sein.

1 BIKINI MITTE

Altstadt-Lehel | www.bikini-mitte.com | Mo–Mi 10–24, Do–Sa 10–3 Uhr | Sonnenstr. 17 (Eingang Josephspitalstr.) | Tel. 0152 24 61 16 23

19.00 UHR

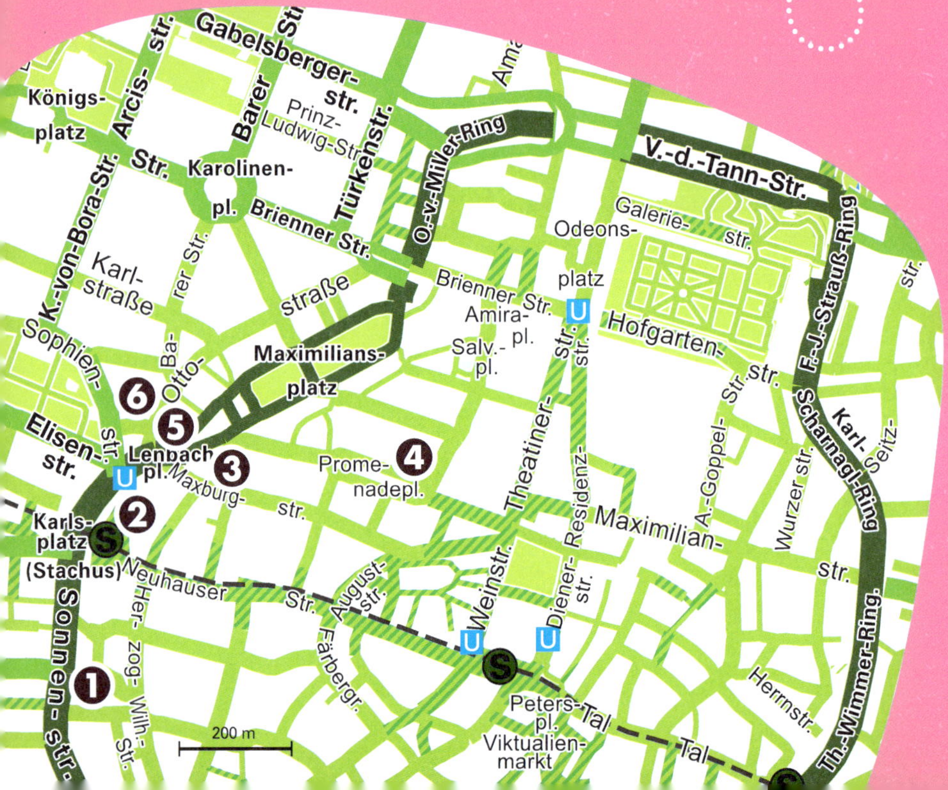

Ein süßer Deckel auf die Essensbasis kann sicher nicht schaden. Am Stachus im Innenhof des Gloria Palasts gibt's eine amüsante Spezialitätenkombi: Schampus und Schmarrn, also Champagner und Kaiserschmarrn. Letzteren wie gewohnt in süß, aber auch in herzhaften Varianten. Überraschend, wie gut prickelnde Franzosen und fluffige Österreicher miteinander harmonieren.

❷ KUBASCHEWSKI

Altstadt-Lehel | www.kubaschewski.bar | Mo–Sa 15–24 Uhr | Karlsplatz 5

20.30 UHR

Der Herzog wartet nur ein paar Schritte weiter hinterm Künstlerhaus mit extravaganten Drinks ungewöhnlichen Knabbereien wie Edamame mit Meersalz und Erdnuss-Yuzu-Sauce. Ein guter Einstieg für vier Mädels sind die Shots to share, wie der Liquid Cocaine oder der Hazelnut Gimlet. Und danach? Wie wär's mit dem Purple Highball auf Wermut-Basis?

❸ HERZOG

Altstadt-Lehel | www.herzog.bar | Di–Do 15–1, Fr/Sa 15–2 Uhr | Maxburgstr. 4 | Tel. 089 29 16 10 29

21.30 UHR

Zeit für ein wenig Livemusik! Am Promenadeplatz im Bauch des Hotels Bayerischer Hof legen die Funk-, Soul- und Jazz-Combos gerade los. Die Karte ist mit gut 100 Drinks üppig bestückt. Unser Tipp: der Bayerischer Hof Spezial, mit Crémant, Williamsbirne und Grenadine.

❹ NIGHT CLUB IM BAYERISCHEN HOF

Altstadt-Lehel | www.bayerischerhof.de | tgl. 22–3 Uhr (Sommerpause im August) | Promenadeplatz 2–4 | Tel. 089 2 12 09 94

22.30 UHR

Die Frisur sitzt noch oder wieder, der Lippenstift ist nachgezogen. Gut so, denn ab jetzt schauen die Türsteher genauer hin. Im pulsierenden Heart ist das Essen schon verdaut, die Stimmung im Barbereich steigt auch dank der Motivationsspritzen des DJs minütlich. Jetzt vielleicht mal den Cocktail des Monats probieren?

❺ HEART

Maxvorstadt | www.h-e-a-r-t.me | Di/Mi 19–1, Do 19–3, Fr/Sa 19–5 Uhr | Lenbachplatz 2 | Tel. 0160 90 90 02 24

23.30 UHR

Auch wenn die Füße schon etwas weh tun, ein paar Hüftschwünge sind ja wohl noch drin, oder? Das Enter The Dragon liegt praktischerweise auch gleich vis-à-vis vom Heart. Heute bleibt das Vietnam-Restaurant mal außen vor, dafür stellt sich die Frage: Lieber die Stimmbänder strapazieren beim Karaoke oder die Beine ausschütteln im Drunken Monkey Club?

❻ ENTER THE DRAGON

Maxvorstadt | www.enter-the-dragon.de | So–Do 12–1, Fr/Sa 12–5 Uhr | Lenbachplatz 1 | Tel. 089 1 25 03 68 10

1.00 UHR

Betrunken in Spelunken

Die dunkelsten Theken der Stadt

Egal ob's draußen regnerisch oder trocken ist, im Ungewitter bei Wirtin Charlotte geht schnell die Sonne auf. Der Elsässer Flammkuchen bietet eine gute Grundlage und saugt die Biere (sechs Sorten zur Wahl) quasi auf. Bevor's weitergeht, unbedingt noch ein Abschiedslied an der alten Musikbox auswählen. Oldies arc Goldics!

1 UNGEWITTER

Maxvorstadt | facebook: ungewitterbei charlotte | Di–Sa 20 Uhr bis open end | Arcisstr. 62 | Tel. 089 271 51 96

21.00 UHR

Aufgepasst! Wer noch nicht im Pomp war, dem schwatzt der Türsteher gerne mal eines seiner Bücher auf, um sein Honorar aufzubessern. Die wichtigste Prosa des Abends ist hier aber eindeutig der Flirtspruch. Denn in der engen, stimmungsvollen Partybar stehen die Zeichen ganz klar auf Kennenlernen und Körperkontakt.

2 POMP

Schwabing-West | www.pomp-bar.de | Do–Sa 21–5 Uhr | Georgenstr. 50 | Tel. 089 271 18 89

22.00 UHR

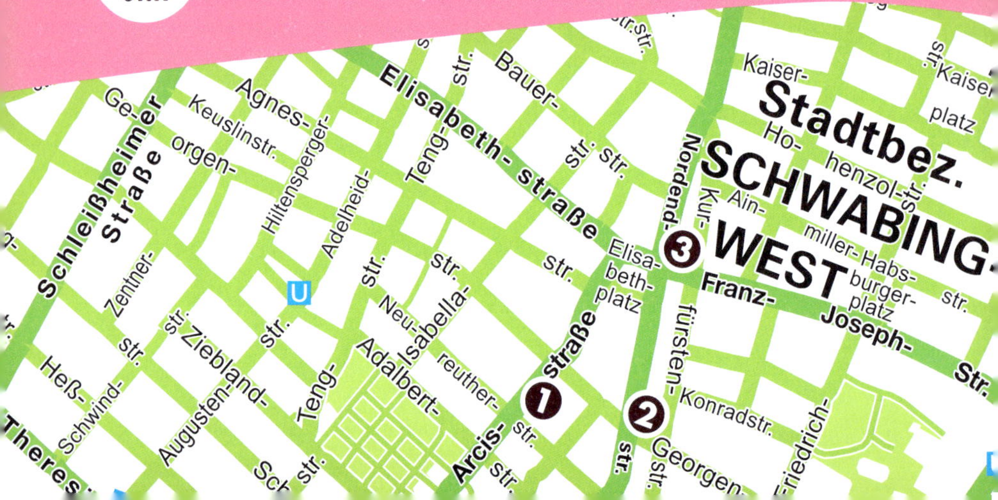

23.00 UHR

Nach der drangvollen Enge im Pomp wird's 500 Meter weiter nördlich wieder etwas entspannter. In der Barculina verkehrt eine amüsante Mischung aus Bordsteinschwalben, Bohemiens, Buchautoren und Bandmitgliedern, die den Abend mehrere Getränkerunden lang ausklingen lassen.

❸ BARCULINA

Schwabing-West | facebook: Barculina | tgl. 17–3 Uhr | Franz-Joseph-Str. 48 | Tel. 089 28 67 33 99

24.00 UHR

Ein Altschwabinger Klassiker ist ja die Rennbahn, die seit 2017 von vier langjährigen Stammgästen weiter am Laufen gehalten wird. Erst mal kurz mit einem verschärften Mexikaner auf die ruhmreiche Vergangenheit anstoßen, dann geht die Feier mit dem Bräu von Maier ideal weiter.

❹ RENNBAHN

Schwabing-Freimann | www.bar-rennbahn-schwabing.de | Di/Mi 19–2, Do 19–3, Fr/Sa 19–4 Uhr | Feilitzschstr. 12 | Tel. 089 39 48 74

1.00 UHR

Beschwingt geht's rüber in den Neuen Hut, der in den 80ern mal ein alter war, aber auf jeden Fall eine richtige Altschwabinger Kultkneipe. Wirt Hans und seine Ladys sorgen zuverlässig dafür, dass der Flüssigkeitshaushalt reguliert wird, und die DJs gehen ohne stilistische Berührungsängste in die Vollen.

❺ ZUM NEUEN HUT

Schwabing-Freimann | facebook: zumneuenhut | Di–Sa ab 20 Uhr | Feilitzschstr. 11 | Tel. 089 38 99 77 99

2.00 UHR

Zum krönenden Abschluss geht's hinunter in eine legendäre Kneipe, die sogar einen Wikipedia-Eintrag hat, dafür keine Website. Gewölbe, Gitarrensound und Gerstensaft – das ist die Nacht für Nacht gültige Dreifaltigkeit. Hier verquatscht man sich schnell und kommt erst wieder nach oben, wenn die Vöglein pfeifen.

❻ SCHWABINGER 7

Schwabing-Freimann | facebook: Schwabinger7 | Mo–Do 20–4, Fr/Sa 20–5, So 20–2 Uhr | Feilitzschstr. 15 | Tel. 089 33 24 27

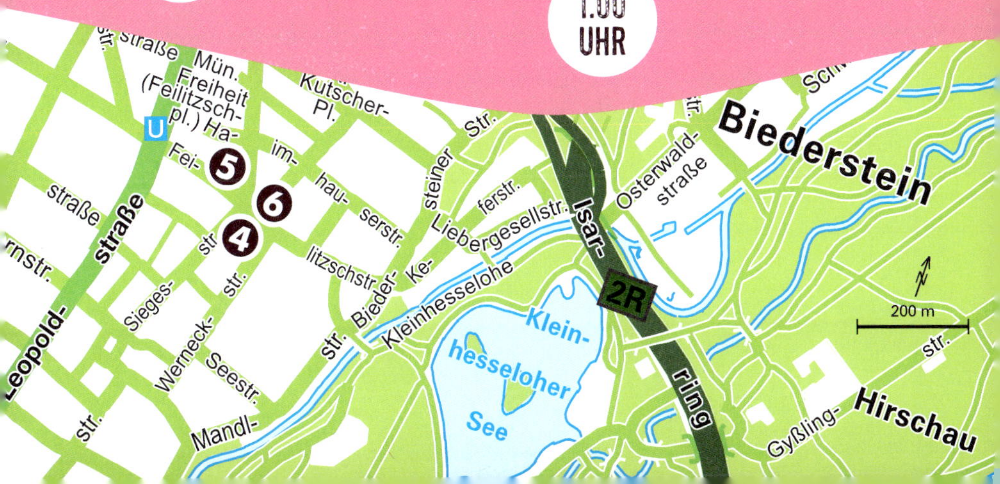

Beats & Bässe

Hier gibt's was auf die Ohren

Irish Pub, Sportsbar, Livebühne und Restaurant – das Kennedy's ist alles unter einem Dach. Und im Sommer lockt auch noch ein Biergarten im Freien. Los geht's! Erst mal einen 1,5-Liter-Pitcher Bier (fünf Sorten zur Wahl) und dazu einen der Fingerfood-Baskets oder echte Insel-Klassiker wie Irish Stew oder Shepherd's Pie zum Essen.

❶ KENNEDY'S

Altstadt-Lehel | www.kennedysmunich.com | Mo–Do 11–2, Fr/Sa 11–3, So 11–1 Uhr | Sendlinger-Tor-Platz 11 | Tel. 089 59 98 84 60

19.30 UHR

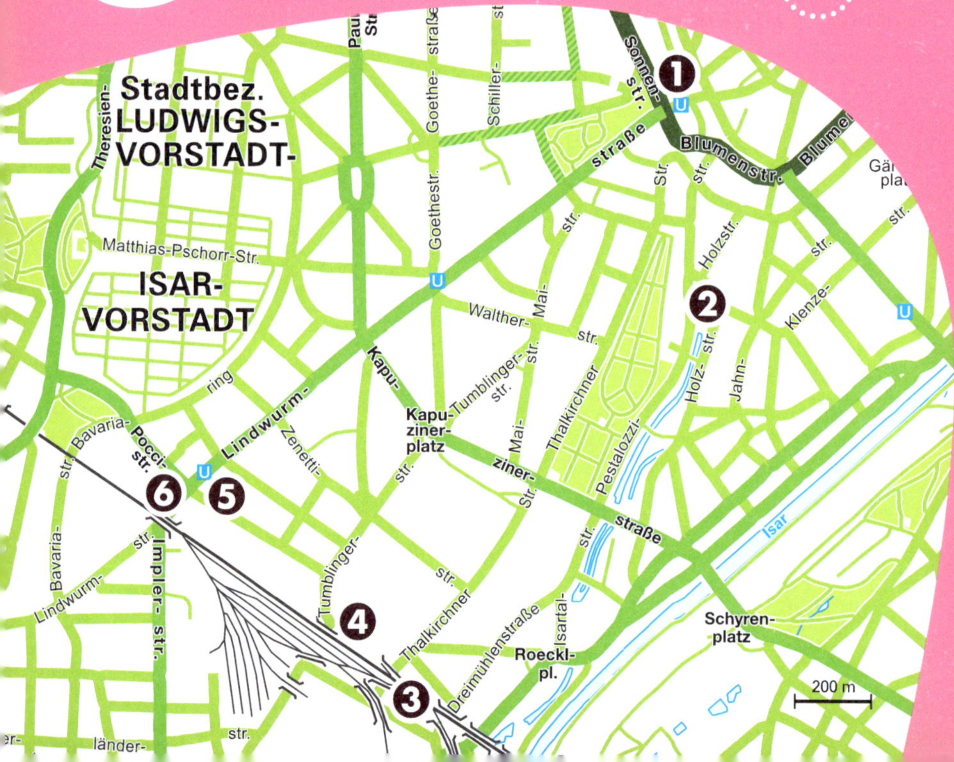

Gut gestärkt geht's mitten ins Glockenbachviertel in den Indie-Liveclub Milla. Gut, wenn man noch keine Schlagseite hat, denn der Raum ist gekrümmt wie eine Banane und fällt zur Bühne hin ab. Bier und Co gibt's am oberen Ende. Die Bands legen spätestens um 21 Uhr los, gegen 23 Uhr sind die DJs am Zug.

❷ MILLA

Isarvorstadt | www.milla-club.de | So–Do 19.30–2, Fr/Sa 19.30–4 Uhr | Holzstr. 28 | Tel. 089 18 92 31 01

20.30 UHR

Die nächste Station, die Alte Utting, liegt etwa einen Kilometer entfernt. Der Weg zum ehemaligen Ausflugsdampfer lohnt sich aber total. Wo sonst kann man mitten in der Stadt auf einem Schiffsdeck ein Bierchen zischen oder unter Deck Bands und DJs lauschen? Wer einen zweiten Hunger bekommt, angelt sich einen Snack am Kiosk.

❸ ALTE UTTING

Isarvorstadt | www.alte-utting.de | Mo–Mi 17–24, Do 17–1, Fr 16–2, Sa 10–2, So 10–22 Uhr | Lagerhausstr. 15 | Tel. 089 70 77 70

22.00 UHR

Same, but different geht's weiter im Bahnwärter Thiel. Die Betreiber sind dieselben, anstelle eines Schiffs wechseln sich hier aber Container und ausrangierte Waggons ab. Ein alternatives Fleckerl München mit DJs im Führerstand, die die Außentanzfläche beschallen, und einem verwinkelten Club, der genauso gut in Berlin stehen könnte.

❹ BAHNWÄRTER THIEL

Isarvorstadt | www.bahnwaerterthiel.de | tgl. ab 18 Uhr | Tumblingerstr. 29 | Tel. 089 45 21 50 63

23.00 UHR

Ein echter ein Vierteljahrhunderter unter Münchens Kneipen und Liveclubs, das Substanz. Gute Musik, dazu aufgeschlossene, alternativ angehauchte Zeitgenossen zum Quatschen und die komplette Getränkepalette von Bier über Longdrinks bis zu Experimenten wie Whisky mit Zimtaromen.

❺ SUBSTANZ

Isarvorstadt | www.substanz-club.de | So–Do 20–2, Fr/Sa 20–3 Uhr | Ruppertstr. 28 | Tel. 089 7 21 27 49

24.00 UHR

Zu guter Letzt noch ein bisschen shaken? Schräg gegenüber tanzen schon die Indierockfans im Strom, in dem sowohl Livekonzerte als auch Clubabende mit DJs steigen. Also nichts wie los! Die Soundanlage ist fein austariert, sodass die Tänzer wirklich unter Strom stehen. Faire Preise, ein toller Ausklang.

❻ STROM

Ludwigsvorstadt | www.strom-muc.de | tgl. ab 20 Uhr (bei Konzerten) | Lindwurmstr. 88 | Tel. 089 24 20 57 11

1.00 UHR

Heißer Draht in die 68er: Johannis Café

RITT AUF DEM EINHORN

Im Kellerclub am Maximiliansplatz wird man gleich am Eingang von einem lebensgroßen Einhorn hinter Glas begrüßt. Die Mädels dürfen dann auch ins Gehege, sprich in die Einhorn-Bar, zum Streicheln und Selfies schießen. Die Jungs verteilen sich schon mal auf die zwei Areas mit Hip-Hop-, R'n'B- sowie Neunziger- und Nuller-Jahre-Sound-Beschallung. Online gehen und abchecken, ob für euren Event die Gästeliste freigeschaltet ist: **INSIDER TIPP** Wer sich dann einträgt, spart bis 0.30 Uhr den Eintritt.

➔ SWEET

Maxvorstadt | www.sweet-club.de | Fr/Sa ab 22.45 Uhr | Maximiliansplatz 5 | Tel. 089 55 27 66 94

SONNENSCHEIN IM UNTERGRUND

Im Dunkeln ist gut munkeln und im Keller strahlen wir heller. Das sagen sich die Rote-Sonne-Anbeter seit über einem Dutzend Jahren und steigen auch im Hochsommer gern die Stufen runter in den Untergrund. Die Elektro-Peitsche knallt dort aber auch zu schön aus der gut ausgesteuerten Anlage. Wer sich zwischendurch doch mal Frischluft zuführen möchte, verzieht sich einfach auf die kleine Terrasse.

➔ ROTE SONNE

Maxvorstadt | www.rote-sonne.com | Do–Sa ab 23 Uhr | Maximiliansplatz 5 | Tel. 089 55 26 33 30

ABSACKER

Einer geht noch!

SKURRILE ZEITREISE

Alt-68er-Flair im schicken München? Ab ins Johannis Café! Alternative und mit dem Laden gealterte Stammgäste sitzen auf krummen Holzstühlen, vor sich ein Weißbier und ein Teller Schinkennudeln, um sich herum gerahmte Erinnerungen und kunterbunter Krimskrams an den Wänden. Wie eine andere Welt, einfach herrlich skurril und auch nach Mitternacht noch nicht ermattet.

➔ JOHANNIS CAFÉ

Haidhausen | So, Mo, Mi, Do 17–3, Fr/Sa 11–4 Uhr | Johannisplatz 15 | Tel. 089 4 80 12 40

DER RENNER FÜR KENNER

Auch im südlichsten Zipfel des Glockenbachviertels haben Ernas Eckkneipe und Bernis Boazn inzwischen ausgedient. Die Jugend hat das Ruder übernommen. Das Rennsalon-Kollektiv hat sich eine simple, ehemalige Bierstube unter den Nagel gerissen, dabei aber den alten, holzvertäfelten Charme zum Glück erhalten. INSIDER TIPP Unbedingt das jeweilige Monatsbier probieren, da kann man echte Entdeckungen machen und craftig feiern.

➔ RENNSALON

Isarvorstadt | www.rennsalon.de | Di–Do 20–1.30, Fr/Sa 20–3 Uhr | Baldestr. 13 | Tel. 0176 38 32 37 34

IM 7. BÜSTENHALTER-HIMMEL

Sehnsucht nach Bier, Motorrädern, Tattoos und Lederjacken? Dann bist du in der etwas an einen Westernsaloon erinnernden Bar Sehnsucht goldrichtig. Anstelle von harten Rockern trifft man in der Kneipe im Univiertel aber eher auf smarte Jungs mit Hipsterbart, deren Herz angesichts des »BH-Himmels« überm Tresen höher schlägt. Oder auch, weil hier Fußball übertragen wird.

➔ BAR SEHNSUCHT

Maxvorstadt | www.bar-sehnsucht.de | Di/Mi 18–2, Do–Sa 18–3 Uhr | Amalienstr. 26

SPASSIGE SPELUNKE

Schön, dass es noch »naturbelassene« Eckkneipen gibt! Okay, von Natur ist hier wenig zu sehen, im betonierten Unterführungswirrwarr im Schlachthofviertel. Aber der Charme vergangener Tage ist in der außen mit Graffitis verzierten Gruam definitiv zu spüren. Ramponierter Tresen, viel Nippes zum Schmunzeln an den Wänden und dazu gibt's Bier und Kurze für die langen Jungen, die den Laden inzwischen erobert haben. Die DJs wiederum erobern die Herzen meist mit Elektro oder Reggae – und das bis 5 Uhr früh.

➔ ZUR GRUAM

Isarvorstadt | facebook: Zur-Gruam | Mi–Do 20–5, Fr/Sa ab 21–5 Uhr | Thalkirchner Str. 114

ACH, DU LIEBER VALENTIN!

Altes Stüberl, junge Büberl. Auch hier funktioniert die freundliche Übernahme durch den Gastro-Nachwuchs ganz hervorragend. Vor der waldigen Fototapete finden sich Abend für Abend lässige und kontaktfreudige Menschen in den Zwanzigern, Dreißigern und Vierzigern ein, um ihr Bierchen zu zischen oder dem Ball auf der Leinwand hinterherzuschauen. Die DJs stehen währenddessen hinter der Bar vor dem Hanfgarten-Straßenschild und beweisen ein gutes Händchen bei der Auswahl hörenswerter Preziosen.

➔ VALENTIN STÜBERL

Isarvorstadt | www.valentinstueberl.com | Mo–Do 18–1, Fr/Sa 18–2 Uhr | Dreimühlenstr. 28 | Tel. 089 76757058

NICHT NUR WODKA

Hört, hört! Das »Abendbistro für franko-slawophiles Trinkvergnügen« ist nicht nur für zwei oder drei Feierabend- oder Geisterstundebierchen prädestiniert, sondern auch ein Hort der Cocktailkultur, seit Barmann Daniel Richter das Zepter bzw. den Shaker schwingt. Neben Ausstellungen und kleinen Konzerten locken im Salon auch feine Drink-Mixturen. Die verführerische Palette reicht von allerlei Wermut-Variationen bis zum INSIDER TIPP experimentellen Apfelstrudel-Highball.

➔ SALON IRKUTSK

Schwabing-West | www.salonirkutsk.de | tgl. ab 17 Uhr | Isabellastr. 4 | Tel. 0152 59715418

SCHAUFENSTER-DJS

Wer auch unter der Woche spätnachts noch lustige Gesellen und Gesellinnen treffen will, das Lenbachs & Soehne ist diesbezüglich eine Bank. Bis 5 Uhr vergnügen sich Söhne und Töchter in der intimen, schummrigen Bar, während die DJs gut sichtbar von außen im Schaufenster ihrer Arbeit nachgehen.

➔ LENBACHS & SOEHNE

Altstadt-Lehel | facebook: lenbachs | Di–Sa ab 18 Uhr | Maximiliansplatz 18 | Tel. 089 293463

BLOODY-MARY-BLUES

Da Wolfgang Götz USA-Fan mit Faible für Rhythm'n'Blues-Musik ist, hat er eine Kneipe im American Style erschaffen. Bourbon und Whisky gehen mit Bier und Blues eine spannende Liaison ein, die den nicht ganz so blutjungen Gästen gut gefällt. Auch schön: die Experimentierfreude der Barkeeper, zum Beispiel die INSIDER TIPP Bloody-Mary-Varianten.

➔ ZUM WOLF

Isarvorstadt | www.zumwolf.com | So–Do 18–1, Fr/Sa 18–2 Uhr | Pestalozzistr. 22

FEIERN STATT KARTEN SPIELEN

Auch wenn sich der Barname danach anhört, hier spielt dann doch niemand Watten. Karten gibt's also nur im größeren Format, dafür mit allem drauf, was die Leber begehrt, von Frangelico bis Wodka. Ansonsten spielt die Musik hier eine wichtige Rolle, von Livebands und DJs mit Leib und Seele rübergebracht. »It's only Rock'n Roll but I like it« steht also nicht umsonst an der Fensterfront.

➔ MAXE BELLE SPITZ

Altstadt-Lehel | facebook: maxebellespitz | Mi/Do 22–3, Fr/Sa 22–5 Uhr | Sonnenstr. 19 | Tel. 089 54 54 07 80

Herein-spaziert
Willkommen im Salon Irkutsk

Bühne frei
Im Ratchada hat die Thai-Küche ihren großen Auftritt, manchmal singen aber auch die Gäste

Wo gibt's noch was zu essen?

HUNGER NACH MITTERNACHT

BAYERN SATT

Es müssen ja nicht gleich die mächtigen Kässpätzle als Mitternachtssack sein. Ein leichtes Bison- oder Hechtpflanzerl tut's auch. Nichtsdestotrotz herrscht hier nun auch nach Mitternacht Hochbetrieb am Herd. Äußerst beliebt die Burger-Variationen. Dank Grünkern-Bohnen-Burger kommen auch Veganer auf ihre Kosten. Tipp: das Brotzeitbrett. Sehr üppig, reicht vollkommen für zwei hungrige Nachteulen.

➔ TEGERNSEER TAL BRÄUHAUS

Altstadt-Lehel | www.tegernseer-tal8.com | So–Mi 9.30–1, Do–Sa 9.30–3 Uhr | Tal 8 | Tel. 089 22 26 26

MAC-ELLOSE BURGER

Der Name der Burgerbar erinnert zwar ans güldene M aus den Staaten, aber sonst besteht eigentlich keine Verwechslungsgefahr. Neben Burgern (manche sogar in der Laugensemmel) und Fritten gibt's hier nämlich auch noch alle möglichen hochprozentigen Mischen. Außerdem mischen auch DJs mit im Unterhaltungsprogramm.

➔ M.C. MUELLER

Isarvorstadt | www.mcmueller.org | Mo/Di 18–1, Mi/Do 18–2, Fr/Sa 18–3 Uhr | Fraunhoferstr. 2 | Tel. 089 18 91 00 39

KARAOKE UND THAI-CURRY

Wem in der Nacht gleichzeitig nach Essen und Singen zumute ist, der sollte das Ratchada ansteuern. Hier läuft nicht nur täglich ab 23 Uhr das Mikro heiß, auch die Küche bleibt warm. Von Tom-Kha-Gai-Suppe bis zur Ente in rotem Curry weckt der Koch bis 4 Uhr die Lebensgeister. Auch die Cocktail-Auswahl ist üppig und preiswert. Also dann, rauf auf die Bühne!

➔ RATCHADA

Ludwigsvorstadt | www.ratchada.de | tgl. 15–4 Uhr | Schwanthalerstr. 8 | Tel. 089 4 31 78 59

GULASCH UM 3, BIN DABEI

Auf den ersten Blick sieht man der stilvollen Bar Gabanyi nicht sofort an, dass sie nicht nur durstige Kehlen, sondern auch hungrige Mägen bis tief in die Nacht hinein verwöhnt. Doch zu den ausgezeichneten Cocktails gibt's eben auch noch bodenständige Grundlagen wie Rindergulasch, Schinken-Käse-Toast oder Ölsardinen mit Brot.

➔ BAR GABANYI

Ludwigsvorstadt | www.bar-gabanyi.de | Mi/Do 18–3, Fr/Sa 20–5, So 20–4 Uhr | Beethovenplatz 2 | Tel. 089 51 70 18 05

BAYERISCH TO GO

Was ist ein Bayrito? Die Antwort: ein gezupfter Krustenschweinebraten oder Entenbraten mit Blaukraut und Kartoffelknödel im Wrap. Gibt's im »Schlemmerkucherl« Bazi's, das amüsanterweise von einem Türken und einem Iraner betrieben wird. Wer beim Verzehr um sein weißes Outfit fürchtet, kann vorsichtshalber auch die BaziBox nehmen. Bayerisch to go – nettes Konzept, am Wochenende bis weit in die Nacht.

➔ BAZI'S

Isarvorstadt | facebook: BaziBox | Di–Do 11.30–20, Fr 11.30–5, Sa 16–5 Uhr | Müllerstr. 43 | Tel. 0176 67 00 25 11

HUMMER ZUM FRÜHSTÜCK

Dekadent, aber auch delikat. Das Haus- und Hofgericht in der Burger & Lobster Bank ist ein klassischer Hamburger und ein halber gegrillter Lobster in Kombination. Kostet 39,90 Euro, kommt aber am Wochenende auch bis 4 Uhr an den Tisch für diejenigen, die gerne Hummer frühstücken. Alle anderen können auch kleinere Brötchen backen oder sich an der Buddy Love Bar einfinden, die zum Beispiel Champagner-Cocktails im Silberbecher kredenzt.

➔ BURGER & LOBSTER BANK

Altstadt-Lehel | www.burgerlobsterbank.com | Mo–Mi 18–1, Do 18–2, Fr/Sa 18–open end, So 17–0 Uhr | Prannerstr. 11 | Tel. 0152 27 27 27 82

Bayerische Medizin

Weißwurstfrühstück: keine Chance für den Kater

KATER-FRÜHSTÜCK

Rollmops & Co machen wieder froh

DUFTENDER WACHMACHER

Nachts mit Giftstoffen vollgepumpt? Dann morgens die Detox-Keule im Aroma rausholen. Bereits das Kaffee-Aroma ist schon ein Wachmacher nach einer durchzechten Nacht. In der familiären und kunterbunt eingerichteten Aroma Kaffeebar steigt einem der feine Duft gleich in 20 Variationen aus sieben Kaffeesorten in die Nase. Als Begleitung locken ein »liebestolles Müsli«, ein »gut gelaunter Milchreis«, frisches Knusperbrot mit Mamas Marmeladen und viele Leckereien mehr.

➔ AROMA

Isarvorstadt | www.aromakaffeebar.com | Mo–Fr 7–20, Sa/So 9–20 Uhr | Pestalozzistr. 24 | Tel. 089 26 94 92 49

BEIM WEISSWURST-PAPST

Echte Bayern, des san mia! Dazu gehören ja bekanntermaßen auch Weißwürste vor dem Zwölf-Uhr-Läuten – natürlich mit Brezn und süßem Senf sowie einem kühlen Weißbier. Das kontert den Kater garantiert aus. Und wo schmeckt's frühmorgens am besten? Beim Weißwurst-Papst Ludwig Wallner in der urmünchnerisch rustikalen Gaststätte Großmarkthalle.

➔ GASTSTÄTTE GROSSMARKTHALLE

Isarvorstadt | www.gaststätte-grossmarkthalle.de | Mo–Fr 7–16, Sa 7–13 Uhr | Kochelseestr. 13 | Tel. 089 76 45 31

KONTERBRAUSE PLUS MÜSLI

Den Tank schnell wieder auffüllen? Dann hilft die original Münchner Limo Konterbrause mit ihren Elektrolyten und den vielen B- und C-Vitaminen. Im Café Gollier wird sie gern zum Dinzler-Cappuccino genommen, der mit wahren Kunstwerken im Milchschaum verziert wird. Als feste Nahrung empfiehlt sich dazu ein Bircher Müsli. Für Schleckermäuler darf's natürlich auch ein Apfel-Cranberry-Schokokuchen sein.

➔ CAFÉ GOLLIER

Schwanthalerhöhe | facebook: cafegollier | Mo–Fr 8–18.30, Sa/So 9–20 Uhr | Gollierstr. 36 | Tel. 089 20 18 88 86

WOCHEN-ENDE – GANZ GEDIEGEN

BRUNCH'N' BREAKFAST

Raus aus den Federn, ran ans Buffet

SUPERFOOD RELOADED

Als DFB-Chefkoch sorgte Holger Stromberg dafür, dass der Akku der Kicker stets aufgeladen war. Dazu gehört auch ein optimales Frühstück. Bei der Speisekarte ließen die Cotidiano-Chefs Holger Stromberg freie Hand. Nun gibt's Super-Food wie die Acai Bowl (8,90 Euro) oder gegrillte halbe Avocado mit Hummus gefüllt, hausgebackenes Bananenbrot und Chiapudding. Yummy!!! So mutiert das Frühstück zum Powerfood für Supermen und Wondergirls.

➔ COTIDIANO PROMENADEPLATZ

Altstadt-Lehel | www.cotidiano.de | Mo–Sa 8–22, So/Fei 8–18 Uhr | Maxburgstr. 4 | Tel. 089 21543 6380

ALL-DAY-BREAKFAST

»Mit Mary's Coffee Club geht es um ein Lebensgefühl – um genießen, wohlfühlen und einfach mal abschalten«, sagt Mary Weiß. Wenn das doch immer so einfach wäre wie bei ihr: cool, lässig und wahrlich ein Ort der Entschleunigung. Dazu fehlt es nicht an ausreichend Vitaminen, selbstgerösteten Kaffeebohnen, Milchalternativen aus Mandel, Hafer oder Soja, hausgemachten Mykonos Waffeln und Granola, einem perfekten Avo Smash oder genialen Bowls. Und erst die täglichen Kuchen-Specials! Der Frühstücks-Club schlechthin in München.

➔ MARY'S COFFEE CLUB

Maxvorstadt | maryscoffeeclub.de | tgl. 9–19 Uhr | Türkenstr. 86a | Tel. 089 54029717

SOMMER AUCH IM WINTER

Die frühere Bäckerei Alof beim Schyrenbad heißt jetzt Café Sommer – irgendwie logisch bei der Adresse Sommerstraße. Ansonsten hat sich nicht viel geändert. Die herzhafte Stingl-Brezn mit Kochschinken, Emmentaler und Spiegelei ist immer noch ein Renner, auch die hausgemachte Quiche mit kleinem Salat gibt Power für den Tag. Das Café macht bei der INSIDER TIPP Aktion »Brot am Haken« mit. Dabei kann jeder Kunde ein Brot oder ein Stück Kuchen zusätzlich kaufen, das später ein bedürftiger Mitbürger gratis mitnehmen darf.

➔ CAFÉ SOMMER

Untergiesing | www.sommer.cafe | tgl. 7–19 Uhr | Sommerstr. 33 | Tel. 089 46257432

Oh, là, là

Im Marais von Paris träumen

WIE IM QUARTIER LATIN

Wie schön ist das denn? Zwischen Krimskrams und Antiquitäten-Chichi sitzen, die anderen Gäste aus dem Hinterhalt beobachten, dabei ein Käffchen trinken und vom Pariser Schick träumen – très formidable! Ins Marais gehen Stammgäste gerne wegen der beschaulichen Kaufladen-Atmosphäre und nicht wegen des besonders opulenten, kulinarischen Frühstücksangebots.

➔ MARAIS

Schwanthalerhöhe | www.cafe-marais.de | Di–Sa 8–20, So 10–18 Uhr | Parkstr. 2 | Tel. 089 50 09 45 52

DREI TAGE WACH

Nachtschwärmer lieben hier das späte Frühstück! Während anderswo um die Zeit schon ans Schlafengehen gedacht wird, wird im Wiener nicht selten gegen 21 Uhr erst mal gefrühstückt. Mit Frühstück ›American‹ und *bacon,* Spiegelei und Frischkäse-Lachs-Bagel im Bauch kann's wieder heiter weiter auf die Piste gehen …

➔ CAFÉ WIENER PLATZ

Haidhausen | www.cafewienerplatz.de | tgl. 8–24 Uhr | Innere Wiener Str. 48 | Tel. 089 4 48 94 94

Unter Palmen
Sonntagsbrunch im Arts'n'Boards

SCHÖNE AUSSICHTEN

Erst gaaaanz gemütlich frühstücken und dann ganz entspannt noch ein paar Bahnen ziehen? Ja, so muss ein gelungener Sonntag starten. Und das ohne anstrengenden Locationwechsel, denn das Bellevue ist gleich im Pavillonbau neben dem Nordbad. Guter Plan: dazu das Frühstück ›Bella Figura‹ mit Räucherlachs, Avocado-Tomaten-Creme und Fruchtsalat.

➔ CAFÉ BELLEVUE

Schwabing-West | www.bellevue-muenchen.de | Sa/So Frühstück 8.30–15, tgl. 7.30 bis 1 Uhr | Schleißheimerstr. 142a | Tel. 089 12700433

ROSI HAT EIN TELEFON ...

... und wir haben ihre Nummer schon! Vorher schön eine Matinee im Kino Museum Lichtspiele anschauen – und danach gegenüber ins gemütliche Kaffeehaus Rosi, mit Rundumblick durch die großen Schaufenster in Richtung Ludwigsbrücke. Wer träumt nicht von so einem gemütlichen Wochenendstart?! Im Sommer an einem der 25 Plätze draußen.

➔ ROSI

Haidhausen | www.rosi-muenchen.de | Mo–Do 8–1, Fr/Sa 8–3, So 9–24 Uhr | Tel. 089 44999739

DER FRÜHE VOGEL

Hier zu frühstücken, ist der Inbegriff an Münchner Dolce Vita. Irgendwann im Leben dürfte jeder Münchner zumindest einmal auf der kleinen Ruffi ni-Dachterrasse gesessen sein. Allerdings muss man bereit sein, am Wochenende einmal früher aufzustehen. Denn: Die besten Plätze sind schon kurz nach 10 Uhr weg.

➔ RUFFINI

Neuhausen | www.ruffini.de | Di–So 10–24 Uhr | Orffstr. 22–24 | Tel. 089 16 11 60

WIE DIE QUEEN

So richtig britisch frühstücken? Äh, heißt das dann, es gibt nur Ham and Eggs – heiß und fettig? Nö, das heißt vor allem mit Stil! Zwischen Ölgemälden, englischen Antiquitäten und opulenten Sesseln wählen Prinzen und Königinnen hier aus 80 losen Blattteesorten und Porridge, French Toast oder Fluffy Pancakes. Very british und sehr königlich ist das Frühstück ›Welsh Rarebit‹: zwei Scheiben Toast überbacken mit einer Panade von Cheddarkäse, Milch, Mehl und englischem Senf, verfeinert mit Worcestershire Sauce. Hhhhm …

➔ VICTORIAN HOUSE

Neuhausen | www.victorianhouse.de | Mi–Sa 9.30–1, So 9.30–19 Uhr | Ysenburgstr. 13 | Tel. 089 18 97 55 20

CAFÉ MIT SHOP

Etwas versteckt im ruhigen Wohngebiet gelegen, aber perfekt für ausgedehnte Frühstückssessions mit anschließendem Verdauungsspaziergang im Olympiapark oder am Nymphenburger Kanal. Unser Favorit: die Frühstücks-Etagère für 11 Euro pro Person. Leckere Kuchen sowie gute Weine, Öl und Essig gibt's an der integrierten Ladentheke INSIDER TIPP zum mit nach Hause nehmen.

➔ CAFÉ TRIBECA

Gern | www.tribecacafe.de | tgl. 9–18 Uhr | Klugstr. 134 | Tel. 089 14 34 29 23

WELLENREITEN

Die blaue Welle mit den Meerestierchen schlängelt sich fröhlich an der Bar entlang, an den Wänden überall Kunst – willkommen im arty Surferparadies. Chef und Surfer-Urgestein Uli Richter hat sich damit einen Traum verwirklicht und kombiniert in den Räumen Galerie und Café. In lässiger Kunstatmo lockt sonntags – natürlich auf schmucken Holzbrettern angerichtet – ein fürstlicher Brunch. Und INSIDER TIPP eine Surfbretter-Tauschbörse. Ansonsten wählen die Gäste Frühstücke, die nach berühmten Surfer-Wellen benannt sind wie ›Waimea‹ oder ›Belharra‹.

➔ ARTS'N'BOARDS

Schwabing-West | www.artsandboards.info | Mo–Mi 10–24, Do/Fr 10–1, Sa 9–1, So Brunch 9–16 Uhr (für 19,90 Euro pro Person. Kinder bis 6 Jahren frei und bis 12 Jahren 9 Euro) | Belgradstr. 9 | Tel. 089 30 65 84 90

TÜRKISCH FEIN

Das Myra ist ein guter alter Bekannter. Einst verwöhnte man die Glockenbach-Hood mit leichter mediterran-türkischer Küche. Mittlerweile hat man auch die Gaumen der Sendlinger erobert. Der sonntägliche Brunch (16,50 Euro inkl. O-Saft oder Prosecco) bietet zudem Köstlichkeiten wie Hummus, *Sigara Böregi* (gefüllte Blätterteigröllchen) oder *Patlican Kizartma* (gebratene Auberginenscheiben). Heiß begehrt: Plätze im Mini-Biergarten. Zwar gibt's keinen Spielplatz, aber bis sechs Jahre ist der Brunch for free.

➔ MYRA

Sendling | www.myra-restaurant.de | Mo–Fr 17–1, Sa 12–1, So 9–1 Uhr (Brunch 10–15 Uhr) | Thalkirchnerstr. 145 | Tel. 089 26 01 83 84

KRAULEN BEI KÄLTE

Schwimmbäder gibt es viele schöne in München. Aber nur eines, in dem es sich sogar im Winter draußen – und das im 50-Meter-Becken – schon früh am Samstagmorgen in Ruhe und gemütlich trainieren lässt. Ab 7.30 Uhr ist das Dante dann bereits geöffnet und, was viele nicht wissen: INSIDER TIPP auch schon die Sauna ist so früh auf! Zwischen 10 und 11 Uhr trudeln dann langsam die Massen ein. Ganz klare Sache also: Der frühe Vogel fängt den Wurm!

DANTE-WINTER-WARMFREIBAD

Gern | www.swm.de | Mo/Mi Fr 7–23, Di/Do/Sa/ So 7.30–23 Uhr | Postillonstr. 17 | Tel. 089 23615050

Guten Morgen, Samstag!

Dafür lohnt's sich aufzustehen

CHILL OUT IN DER AU

Ein Besuch auf dem Viktualienmarkt – am Samstag? Ach was, warum so viel Tamtam, wenn es anderswo doch viel gemütlicher zugeht. Am Wochenmarkt in der Au wird leger und unaufgeregt frische Regionalware an den Standln feilgeboten. INSIDER TIPP Der unverschämt leckere Rahmkuchen vom Zwickl-Stand schmeckt wie früher bei Oma und ist so schnell weg, dass man echt früh dran sein muss – vor 10 Uhr ist am sichersten. Und danach noch schön (mit dem Hund) an der Isar spazieren gehen, so kann der Samstagmorgen geruhsam starten.

WOCHENMARKT IN DER AU

Au | Sa 7–13 Uhr | Mariahilfplatz

ALLEIN IM MUSEUM

Ein Kurztrip nach Afrika oder Myanmar? Und das ganz ohne Touristenmassen? Das geht in diesem kontemplativ anmutenden Museum: Ab 9.30 Uhr lassen sich hier Weltenbummler samstags – garantiert still und fast alleine – von fremden Kulturen inspirieren und gehen, bereichert von Sinneseindrücken über fremde Länder, wieder hinaus in die hektische Realität.

➔ MUSEUM 5 KONTINENTE

Altstadt-Lehel | www.museum-fuenf-kontinente.de | Di–So 9.30–17.30 Uhr | Maximilianstr. 42 | Tel. 089 2 10 13 61 00

ERFRISCHUNG GEFÄLLIG?

Raus aus den Federn – rein ins Wasser. Münchens schönstes Freibad, in den Isarauen gelegen, ist morgens eine wahre Idylle, ganz ohne Besucherstress. Der Clou: freitags bis sonntags ist bereits ab 9 Uhr geöffnet. Da lässt es sich sogar sportlich durchs Naturbecken kraulen. Da schläft die Schwimmflügelfraktion doch noch! Eintritt: 4,60 Euro.

➔ NATURBAD MARIA EINSIEDEL

Thalkirchen | www.swm.de | Mo–Do ab 10, Fr–So ab 9 Uhr | Zentralländstr. 28 | Tel. 089 23 61 50 50

KONNICHIWA!

Da kommt mal was ganz anderes auf den Frühstückstisch und in den Guten-Morgen-Magen: japanische Brötchen, Punkt 10 Uhr! Für die lohnt sich das frühe Aufstehen am Samstag (oder sogar das Joggen aus dem eigenen Viertel hierher!), denn die leckere Backware gibt's auch wirklich nur dann und hier – mitten in der, um diese Zeit noch ziemlich verschlafenen, City. Fürs Abendessen kann man sich auch gleich noch mit Edamame, Wakame und Dashi, sowie japanischen Schälchen, eindecken. Einfach zauberhaft!

➔ FEINKOST Y. SUZUKI

Isarvorstadt | Sa 10–20 Uhr | Rumfordstr. 40 | Tel. 089 21 66 95 55

WILL MITTAG-ESSEN!

Einfach nur genießen

Schlemmerreise nach Beirut Beirut

DIM-SUM UND DUMPLINGS DE LUXE

Über die kleinen LeDu-Imbisse hinaus existieren auch zwei größere Restaurants, die ganz ausgezeichnete gedämpfte oder gebratene Dim-Sums auf die Teller zaubern. Mittags wählt man zwischen dem Dumpling-Teller für 7,90 Euro oder dem dreigängigen Dim-Sum-Menü für 12,90 Euro. Wenn die Trilogie ruft, empfehlen wir unbedingt den Hühnchensalat mit Gurken, Radieschen und Erdnuss-Chili-Dressing.

➔ LEDU DIM-SUM & BAR

www.ledu.restaurant

Maxvorstadt | tgl. 12–15 und ab 18 Uhr | Augustenstr. 7 | Tel. 089 37 91 85 59
Isarvorstadt | tgl. 12–15 und ab 18 Uhr | Klenzestr. 62 | Tel. 089 90 18 49 88

HIPSTER-BOLOGNESE

Es gibt genau zwei Gründe, warum vor allem junge Frauen mittags hier öfter mal vorbeischauen (sollten): die unverschämt leckere vegane Bolognese – und die schmucke WG-Einrichtung im Retro-Design. Gut, manche Zungen behaupten, Frauen kämen auch wegen der Hipster-Servicekräfte. Die sind Kenner der fleischlosen Hausmannskost und servieren auch das Kartoffel-Kürbis-Gulasch mit der lässigen Coolness. Allen, denen das zu viel Öko-Style ist, sei gesagt: Keine Sorge, manchmal verirrt sich auch ein Roastbeef auf die Karte.

➔ DIE WALDMEISTER

Maxvorstadt | facebook: waldmeistereimuenchen | Mo–Fr 8–18, Sa/So 9–16 Uhr | Barer Str. 74 | Tel. 089 18 94 69 56

CIAO, CIAO, BAMBINI

Einfach unschlagbar ist ein Mittagessen im Gastgarten – mit Blick auf den urigen Kriechbaumhof aus Holz, superfamiliär. Das Essen selbst? Italienisch angehaucht. Immer frisch, immer schnell, immer gut. Zwar lässt es sich hier auch ganz prima mit einem Buch unter Bäumen alleine speisen, doch wenn die Kids einmal dabei sind: INSIDER TIPP Hier sind wirklich alle Bedienungen kinderfreundlich, neben Malsachen gibt's für die Kleinsten von 3 bis 6 Jahren sogar eine kleine Rutsche nebendran.

➔ PREYSINGGARTEN

Haidhausen | www.preysinggarten.com | Mo–Fr 10–1, Sa/So 9–1 Uhr | Preysingstr. 69 | Tel. 089 6 88 67 22

HALLO, GROSSSTADT!

Erst im hübschen Stemmerhof Bio-Ware einkaufen und danach noch im hippen Bistro libanesisch essen gehen? Klingt für München immer noch extrem exotisch. Viele kommen angeblich hierher, um sich eine Wochenportion Großstadtgefühl abzuholen. Wochenends leider nur am Samstag geöffnet, daher: gut merken und genießen!

➔ BEIRUT BEIRUT

Sendling | www.beirutbeirut.de | Mo–Sa 11.30–20 Uhr | Valleystr. 28 | Tel. 089 52 03 69 16

ASIEN LÄSST GRÜSSEN

Schmeckt immer wie frisch am Straßenrand in Hanoi geköchelt. Optimal für ein gesundes Mittagessen, das unter dem Motto ›leichte Küche‹ steht. Hier wird in der offenen Küche nach Originalrezepten aus Hue und Saigon geschnibbelt und gebrutzelt, so authentisch ist das in München ziemlich einzigartig. Wer schon einmal im fernen Vietnam war, erkennt sofort, dass hier ausschließlich mit den richtigen Zutaten, Gewürzen und Kräutern gekocht wird.

➔ QUAN COM

Neuhausen | www.quan-com.de | Di–So 11.30–15, 17–23.30 Uhr | Wendl-Dietrich-Str. 4 | Tel. 089 12 02 21 67

Mozart spielt

in seinem Café mit Gemütlichkeitsmotiven

SAUGUAD

Als der Herr Hüller sein Café eröffnete, da war er in der Au noch der einzige weit und breit. Heute ist sein Retro-Laden längst etabliert und trotzdem immer noch anders als viele andere, weil er einfach ungekünstelt ist und ehrliche Küche präsentiert. Das Wiener Schnitzel vom bayerischen Kalb könnte nicht zarter sein, das vegetarische Gulasch ist einfach nur sauguad. Hin und wieder holt sich der Hausherr (musik-)kulturelle Kostbarkeiten ins Haus. Bei Vernissage und Listening Sessions lohnt sich das Bleiben dann auch bis abends …

CAFÉ HÜLLER

Au | cafe-hueller.jimdo.com | Mo–Fr 11–23, Sa 10–23, So 10–22 Uhr | Eduard-Schmid-Str. 8 | Tel. 089 18 93 87 13

SICH SATT CHILLEN

Am liebsten fläzen Gäste hier auf den Sesseln im Nebenzimmer, denn bei Riesenschnitzel und Spezi lässt sich der Kater vom Vortag eben besonders gut im Halbliegen auskurieren. Eine Institution seit über 20 Jahren. Während im Sofabereich die Spät-Mittagsportionen auf den Tisch kommen, erfreuen sich frisch geföhnte Omas im Großraum bereits des hausgemachten Kuchens. Wolfgang Amadeus wäre mit diesem schrägen Miteinander bestimmt *d'accord.*

CAFÉ MOZART

Ludwigsvorstadt | www.cafe-mozart.info | So–Do 10–1, Fr/Sa 10–3 Uhr | Pettenkoferstr. 2 | Tel. 089 59 41 90

DAS HUHN HAT EINEN AN DER WAFFEL

In der alternativen Studi-Mensa lässt sich auch am Wochenende das Flair des Univiertels einatmen – bei gutem Wetter gerne auch draußen in der Sonne. Da man von Luft allein nicht satt wird, könnte zum Beispiel das beliebte Philly Cheese Steak Abhilfe schaffen. Einzigartig in München ist auch die Kombi aus fluffigen Waffeln und knusprigem Chicken mit Chili-Mayo, Ahornsirup und rauchiger Bourbonsauce. Harmoniert überraschend gut. Nicht nur stolze Nachbarn holen sich im 55Eleven das INSIDER TIPP Maxvorstadt-Shirt mit dem hippen »MXVST«-Aufdruck.

55ELEVEN

Maxvorstadt | www.55eleven.wtf | Mo–Do 11–1, Fr 11–3, Sa 10–3, So 10–23 Uhr | Amalienstr. 55 | Tel. 089 20 07 68 34

STEIRISCH AUS DEM STAND

Wollt ihr wirklich auf der Direttissima heim nach den Besorgungen an den Marktstandln am Wiener Platz? Ach nein, ein kleiner Abstecher ins Weinhäusl geht sich noch aus. Im wieder wachgeküssten, idyllischen Herbergshäuschen mit der tollen Außenfläche auf dem Platz gibt's Bisonsteaks aus dem Beefer und dazu Top-Weine aus Österreich. Der Chef hat ein Faible für die Steiermark und züchtet Bisons, Büffel und Yaks. Klingt ziemlich teuer? Ein leckeres Gulasch oder eine Currywurst gibt's auch.

WEINHÄUSL

Haidhausen | www.weinhaeusl-muenchen.de | Di–Do 11–23, Fr/Sa 11–1, So 11–23 Uhr | Wiener Platz 4 | Tel. 089 23 23 97 99 79

SOS, Regen-sonntag!

NASS VON UNTEN

Na gut, wer bei Regenwetter unbedingt auch noch von unten nass werden will, der kann das nicht nur beim Surfen auf dem Eisbach, sondern auch beim Indoor-Surfen im Jochen-Schweizer-Tempel. Nicht minder abgefahren: Bodyflying, Hochseilgarten und Flying Fox.

➔ JOCHEN SCHWEIZER ARENA

Taufkirchen | www.jochen-schweizer-arena.de | Di–Do 10–22, Fr/Sa 9–23, So 9–21 Uhr | Ludwig-Bölkow-Allee 1 | Tel. 089 45 24 45 59 95

PFERDE-PARADIES

Stallgeruch, Schnauben, Hufgetrappel – im neuen Cavalluna Park können Pferdefans ihren Lieblingen ganz nah sein. Ein Erlebnis vor allem für Kinder. Schon mal eine Pferde-Waschanlage in Aktion gesehen? Oder den Longierzirkel und die Dressurlektionen der vierbeinigen Showstars von Equila verfolgt? Auf jeden Fall ein tierisch interessanter Ausflug in den Münchner Norden.

➔ CAVALLUNA PARK

Fröttmaning | www.cavalluna.com | saisonal wechselnde Öffnungszeiten | Hans-Jensen-Weg 3 | Tel. 089 1 21 40 25 00

AUF HAN SOLOS SPUREN

Wer denkt, draußen sei es ungemütlich, der sollte erst mal hier rein kommen! Beim Lasertagging wabern dichte Nebelschwaden durch die Halle! Okay, die fluoreszierenden Bilder und die sphärische Musik machen das Parcours-Spiel in Dunkelheit, bei dem man wie Han Solo & Co eine Laserwaffe trägt, dann doch nicht trübselig. INSIDER TIPP Die Night-Flatrate freitags und samstags ab 20 Uhr: 3 Stunden für 22 Euro. Ab 12 Jahren.

LASERTAG MVP

Garching | www.indoorgames.de | Di–Do 16–22, Fr 16–23, Sa 11–23, So 11–20, Fei 11–23 Uhr | Robert-Bosch-Str. 12 | Tel. 0174 2 34 46 66

UP, UP AND AWAY

Ach, wie wär' ein Urlaub in der Karibik jetzt schön! Zugegeben, das wird jetzt nicht bei jedem Schlechtwettersonntag drin sein – aber einmal kann man das schon machen: sich einen Flug im Flugsimulator gönnen. Im Airbus A 320, Kosten: ab 299 Euro, Wetter: garantiert wolkenfrei, Kabinenservice: top!

FLUGSIMULATOR

Oberding-Schwaig | Lufthansa Flight Training Center | www.proflight.com | Lohstr. 25a | Tel. 0421 2 41 33 20

IN DIE STERNE SCHAUEN

Wer das erste Foto von einem Schwarzen Loch faszinierend fand, wird auch im ESO Supernova Planetarium hin und weg sein und das Schmuddelwetter draußen locker ausblenden. Die Shows werden mit neuester Digitaltechnik in eine 360-Grad-Kuppel mit 14 Metern Durchmesser projiziert. Das Beste: Man sitzt um 25 Grad geneigt, fühlt sich also schräg wie in einer Raumsonde.

ESO SUPERNOVA PLANETARIUM

Garching | www.supernova.eso.org | Mi–Fr 9–17, Sa/So 12–17 Uhr | Karl-Schwarzschild-Str. 2 | Tel. 089 32 00 69 00

TORTEN-SCHLACHT

Am Sonntag gehört die Sahnetorte mir

EVERGREEN

»Wie süß!«, hauchten bereits Mütter und Großmütter. Fritz Kreutzkamm soll einst ein angehimmelter Zuckerbäcker in München gewesen sein. Oder meinten sie doch den Baumkuchen? Der Evergreen kommt in dem traditionsbewussten Café in der Maxburg immer noch aufs Gäbelchen. Wer nach einer INSIDER TIPP schicken Ferienwohnung am Tegernsee sucht, der wird übrigens ebenfalls bei Kreutzkamm fündig.

➔ CONDITOREI KREUTZKAMM

Altstadt-Lehel | shop.kreutzkamm.de | Mo–Fr 7.30–18, Sa 9–18, So 12–18 Uhr | Pacellistr. 5 | Tel. 089 22 88 03 00

Aber bitte mit Sahne

Die Kuchentheke im Café Wölfl ist unwiderstehlich

SENDLINGER SAHNETORTEN-SCHLACHT

Ein bisserl Tradition kann nicht schaden. Gleich neben dem Sendlinger Stemmerhof wird seit 1947 kräftig gebacken und kunstvoll verziert. Für daheim zum Mitnehmen genauso wie für den Genuss vor Ort. Im Sommer auch im Hinterhof. Das Café Schuntner ist aber nicht nur ein Fall für die ersehnte Kaffeepause mit Kuchen, sondern auch für Frühstücksfans und Mittagsgäste, die aus täglich vier warmen Gerichten wählen können.

➔ **CAFÉ SCHUNTNER**

Sendling | www.cafe-schuntner.de | tgl. 8–18 Uhr | Plinganserstr. 10 | Tel. 089 77 63 93

WIE BEI OMA

Sehnsucht nach Kuchentratsch wie zu Omas Zeiten? Dann nichts wie hin ins Wölfl. Im herrlich schrulligen Ambiente lässt sich bei ausgezeichneten, opulenten Torten und Kuchen Hüftgold vermehren. Das offene Geheimnis: Hier wird ausschließlich mit Butter gebacken – und das schmeckt man. Vor allem bei der herrschaftlich vielschichtigen Prinzregententorte.

➔ **KONDITOREI CAFÉ WÖLFL**

Haidhausen | Di–Fr 8–18, Sa 8–17 Uhr | Kellerstr. 17 | Tel. 089 48 12 71

TERRASSENTORTEN

Die Gäste können sich gar nicht entscheiden, ob sie nun am liebsten wegen der hauseigenen Kuchenmeisterei oder doch wegen der Kaffeerösterei-Spezialitäten kommen. Ach, egal: Auf alle Fälle schmeckt der Cappuccino zu den hausgemachten Kuchen bei Sonnenschein auf der schönen Terrasse und unter den schönen Schwabingerinnen einfach herrlich.

➔ **DEL MOCCA**

Schwabing-Freimann | www.delmocca.de | Mo–Fr 7.30–18, Sa 10–18, So 13.30–18 Uhr | Clemensstr. 20 | Tel. 089 20 32 30 51

KÖSTLICHE KLEINE DINGER

Es muss ja nicht immer Kuchen sein … wie wär's mit hausgemachten Pralinen? Mehrfach mit Design- und Kulinarikpreisen ausgezeichnet, eignet sich das Café Luitpold auch heute noch bestens zum Sündigen. Die Kuchen, Törtchen und Pralinen sind im Confiserie-Café mit den herrschaftlichen Marmorsäulen sündhaft lecker, das Ambiente sehr gediegen und förmlich. Tipp: die sechsbödige Luitpoldtorte, von der seit ihrer Erfindung 1962 das Rezept nicht durchgesickert ist.

➔ **CAFÉ LUITPOLD**

Maxvorstadt | www.cafe-luitpold.de | Mo 8–19, Di–Sa 8–23, So 9–19 Uhr | Brienner Str. 11 | Tel. 089 2 42 87 50

IQ IM KUCHEN

In dieser beinahe heiligen Atmosphäre der Staatsbibliothek scheint es fast so, als schmecken die leckeren Torten der Münchner-Freiheit-Konditorei nicht nur gut, sondern irgendwie so, als würde man mit jedem Bissen etwas schlauer. Wer schon früh da ist, der hat das Café am Sonntag fast für sich. Kennen nur fleißige Studenten: INSIDER TIPP die Terrasse im Innenhof.

➔ **STABI-CAFÉ**

Maxvorstadt | www.muenchner-freiheit.de | Mo–Sa 8–20, So 9–18 Uhr | in der Bayerischen Staatsbibliothek, Ludwigstr. 16 | kein Telefon

SONNTAGABEND, TATORTZEIT

Die Ermittlungen ergeben: Hier klingt das Wochenende schön aus!

KÄNGURU SCHAUT ZU

Saftige Lamb Chops am Sonntagabend – und dabei alle wichtigen Englandspiele oder Rugby in australischer Atmosphäre sehen? Schöner könnte die Woche nicht ausklingen. Nach einem entspannenden Sonntagsspaziergang durch die City dürfen die Füße ruhen, während die Augen sich gen Beamerleinwand in HD-Qualität richten.

➔ NED KELLY'S AUSTRALIAN BAR

Altstadt-Lehel | www.nedkellysbar.com | Mo–Do 17–1, Fr/Sa 11–3, So, 11–1 Uhr | Frauenplatz 11 | Tel. 089 24 21 98 99

BOERNE GUCKEN, BAGELS UND BURGER ESSEN

Wie jetzt – ein Bagel-Laden, in dem »Tatort« geguckt wird? Ja, und das schon seit gepflegten 20 Jahren. Sonntagabends lösen Boerne, Thiel & Co komplizierte Fälle, während man selbst gemütlich Bagels oder Burger futtert. Sehr, sehr sättigend: der Double Cheeseburger Bagel oder auch der Tuna Superior Bagel.

➔ FRESH BAGELS & MUFFINS

Maxvorstadt | www.bagelshop.de | Mo, Mi–So 11–22 Uhr | Barer Str. 72 | Tel. 089 2 71 21 86

AUF DIE 17

Ganz und gar ungestört – getrennt von der betriebsamen Bar-Kneipe – stoßen im Nebenraum »Tatort«-Fans bei Augustiner vom Fass und Pommes auf ihre Lieblingskommissare an. Achtung, keine Sitzplatzreservierungen, daher: Am besten gegen 18.30 Uhr schon mal gemütlich ein Putenschnitzel essen und den Platz vorwärmen. Zum Nervenberuhigen empfiehlt sich als Nachtisch der himmlisch lockere Kaiserschmarrn mit Apfelmus und Preiselbeeren. Ab 20 Uhr geht's dann offiziell los.

➔ KLENZE 17

Isarvorstadt | www.klenze17.de | So–Mo 17–24, Di–Do 17–1, Fr/Sa 17–2 Uhr | Klenzestr. 17 | Tel. 089 25 54 42 77

FLAMMKUCHEN FÜR BATIC

Während hier sonst bei Fußball und Formel 1 die Männerherzen höherschlagen, gesellen sich sonntags beim »Tatort« gerne Frauen dazu. Dem Motto ›Komm ins Wohnzimmer‹ folgend, gibt's immer hausgemachte, kulinarische Specials – mei, der leckere Flammkuchen würde bestimmt auch Batic und Leitmayr schmecken. Wem der Tatort zu blutig sein sollte, der kann mit einem Salat ein grünes Gegengewicht setzen.

➔ SELF

Sendling | www.self-bar.de | Mo–Do 17.30–1, Fr 17.30–3, Sa 15–3, So 17.30–22 Uhr | Schäftlarnstr. 62 | Tel. 089 961 60 87 33

THE VOICE OF MUNICH

Wie sieht es aus mit: Chill im Kil? So könnte das Motto sonntags im gemütlich-rustikalen Irish Pub eigentlich auch heißen, denn hier gibt's völlig entspannt, unter gut gelaunten Menschen, immer am Sonntag ab 21 Uhr Karaoke auf die Ohren. Am besten schon ab 20 Uhr reservieren und gemütlich noch ein Guinness (oder zwei) vorweg nehmen, dann klappt's auch mit dem Bühnenauftritt …

➔ KILIANS IRISH PUB

Altstadt-Lehel | www.kiliansirishpub.com | So–Do 11–1, Fr/Sa 11–3 Uhr | Frauenplatz 11 | Tel. 089 24 21 98 99

Spannendes Duo?

Nervennahrung: Fresh Bagels & Muffins

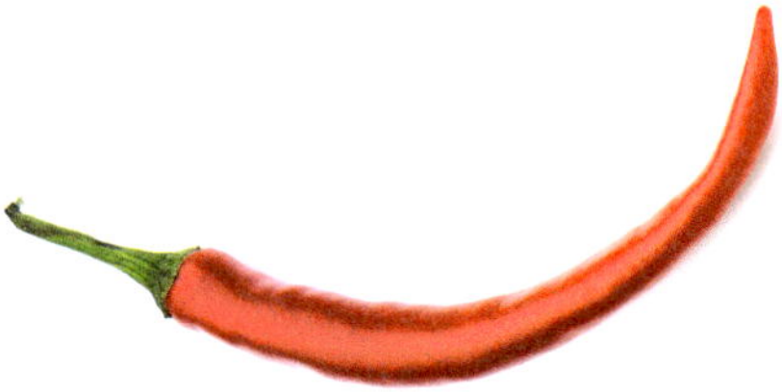

BURGER, BIER UND BULLEN

Ach, wie herrlich: Bei Burger genießen Hardcore-Fans hier schon seit acht Jahren den »Tatort«-Abend in vollen Zügen. Einrichtung und Deko stehen ganz im Zeichen der Olympischen Spiele anno 1972, deswegen sitzen die Gäste hier auch auf restaurierten Turnbänken und blicken auf Schick der 70er-Jahre wie Bonanza-Räder an den Wänden. Die Sommerpause lässt sich übrigens gut auf den lauschigen Gehsteig-Terrassen-Plätzen überbrücken.

➔ MÜNCHEN 72

Isarvorstadt | www.muenchen72.de | Mo–Do 17–1, Fr 17–3, Sa 10–3, So 10–23 Uhr | Holzstr. 16 | Tel. 089 97 34 37 85

ABSTURZGEFAHR

Owei, owei! Im Santo Anger, der ungestümen Punkrock-Pizzeria, wurden schon so manche Sonntagsabstürze verzeichnet, die als harmlose »Tatort«-Abende gestartet waren. Kein Wunder, zur Pizza Capricciosa (11,20 Euro) schmeckt das Dunkle einfach allzu ausgezeichnet. Wer sich einmal in die Höhle der heiligen Angerkneipe gewagt hat, der kommt selten ohne Blessuren nach Hause. Was als Grundlage immer hilft, ist das knusprige, tomatige Pizzabrot.

➔ SANTO ANGER

Altstadt-Lehel | www.santoanger.de | So–Do 17.30–1, Fr/Sa 17.30–3 Uhr | Blumenstr. 25 | Tel. 089 22 54 76 88

NO TIME FOR LOSERS

We are the … ganz genau! *Champions!* Angeblich gibt es hier den besten Burger in Town, wenn der dann noch gewürzt ist mit den Highlights aus Golf, Fußball, Tennis und Formel 1, dann schlagen vor allem Münchner Männerherzen sonntagabends höher. Die kulinarische Empfehlung für Kenner: der verschärfte Texas-Burger mit Angusrind und hauseigener Sauce. Auch lecker ist die vegetarische Variante »Woodstock« mit einem Halloumi-Gemüse-Patty. Bei Fußball-Bundesligaspielen geht's schon ab 15 Uhr ganz relaxed zu.

➔ CHAMPIONS SPORTSBAR

Schwabing-Freimann | www.championsbar.de | tgl. 17–1 Uhr | Berliner Str. 93 | Tel. 089 36 00 20

KULTUR IN EINEM PROVISORIUM

Die P.Bar, die so gerne wieder wie früher Paris Bar hieße, wird zum Wochenend-Ausklang zum Tatort für Kabarett, Komik, Kleinkunst und Unplugged-Konzerte. Neben Größen der Szene entern bei der »Hinterhof-Kultur« sonntags ab 19 Uhr auch Newcomer die Bühne. Mal sind es Solo-Abende, mal gemischte Shows mit diversen Künstlern. Dazu noch eine knusprige Pizza und der Schrecken vor dem bevorstehenden Montag ist fast gebannt.

➔ P.BAR – DAS PROVISORIUM

Haidhausen | facebook: pbarmuc | So–Mi 18–1, Do 18–2, Fr/Sa 18–3 Uhr | Gravelottestr. 7 | Tel. 0162 7 49 59 05

Leitmayr & Co

Bestens versorgt beim Tatort

Raus aufs Land!

Tschüss Beton, hallo, Frischluftkur!

AL PACINO? AL PAKA!

Pedro, Fernando, Sandro, Luna und Carmencita sind ja sooo süß! Es gibt immer mehr Orte im Umland, an denen man Alpakas streicheln kann. Am allerliebsten auf dieser kleinen Ranch. Und dann? Na klar, Klettern im nahen Waldkletterpark Oberbayern.

ALPAKA-RANCH

Petershausen | So 14–17 Uhr | alpaka-ranch-petershausen.npage.de | Rosenstr. 45
Jetzendorf | Sa/So 10–19 Uhr | www.waldkletterpark-oberbayern.de | Am Waldkletterpark 1 | Tel. 0170 3267297

AUF DEM SCHLAUCH

Er hat ein knallrotes Gummiboot? Nein, die hier sind knallblau! Mit dem Schlauchboot von Bad Tölz bis Wolfratshausen schippern ist eine echte Schau. Dauer: vier Stunden. Ins Boot passen neun Leute, im Preis enthalten sind die Lieferung und Abholung der Boote, Schwimmwesten, Paddel und Trockenbox für Wertsachen.

➔ SCHLAUCHBOOTFAHRT

Bad Tölz | **Zum Isarkraftwerk 4 | www.bavariaraft24.de | Einstieg Schlauchboot mieten ab Lenggries bis Wolfratshausen ab 120 Euro für 9 Personen**

AUSSCHAU HALTEN

Uff, erst über 100 Stufen rauf auf den Turm, dann aus 35 Metern Höhe die Aussicht ins Alpenland genießen. Bei schönem Wetter sieht man Bayerns Pracht – sogar die fernen Dreitausender. Ein Pfad schlängelt sich durch das angeschlossene Wäldchen … Und wer mag, kann nach der Turmbesteigung gleich ganz um den Egglburger See gehen. Ein ruhigeres Fleckchen Erde findet man an nicht ganz so sonnigen Tagen kaum im Umland.

➔ EBERSBERGER FORST

Ebersberg | **www.museumwaldundumwelt.de (gleich nebenan ist der Turm), www.ebersberger-forst.com | Ludwigshöhe 2**

KARIBIK UND STRAND

Ein lauschiges Liegestuhl-Plätzchen am Strand der Wasserski-Anlage, dabei die Sonne genießen und einen Drink der Hand? Gibt's nicht in unseren Bereitengraden? Gibt's doch! Roberto Beach sorgt für Karibik-Feeling. Und wenn das Wetter einmal nicht mitspielt, zaubert eine Partie im beheizten, sandigen Beachvolley-Areal das schönste Urlaubslächeln in trübe Alltagsgesichter.

➔ ROBERTO BEACH

Aschheim | **www.robertobeach.de | Winter: Mo–Fr 15–24, Sa/So/Fei 10–24; Sommer: tgl. 10–24 Uhr | Am Eventpark 20 | Tel. 089 90 90 18 60**

WHISKY BEIM BAUERN

Völlig unterschätzt ist die Schönheit des Schliersees! Erst ein Spaziergang am See, dann mit dem Auto ein paar Kilometer weiter ins Markus Wasmeier Museum. Dort kann man nachempfinden, wie die Bauern früher gelebt haben. INSIDER TIPP Bierbrau-Kurse wie vor 300 Jahren. Und zum Abschluss ein Schlückchen in der Whisky-Destillerie – außer der Fahrer, versteht sich.

➔ MARKUS WASMEIER MUSEUM

Schliersee/Neuhaus | **www.wasmeier.de | Di–So 10–17 Uhr | Brunnbichl 5 | Tel. 08026 92 92 20**

Schliersee | **Slyrs Destillerie | www.slyrs.com | tgl. 10–17 Uhr | Bayrischzeller Str. 13 | Tel. 08026 3 95 90 04**

UNTERWEGS MIT …

... DEM SCHATZ

Tisch für zwei, Kerzenschein inklusive

CHAPEAU! KLEIN, FEIN UND OHO

Frankreichs Jahrhundertkoch Paul Bocuse war ein Vorreiter der bodenständigen Küche. Und diese beherrschen die Berlü-Chefs Bernhard und Luis-José par excellence. Interessant: der spanische Einschlag. Beides harmoniert bestens und legt die Grundlage für einen traumhaften Abend zu zweit. Getoppt wird dies in lauen Sommernächten noch durch die Atmo, die im kleinen Garten nahe der Isarauen herrscht. Mein Tipp: das 4-Gang-Menü (50 Euro), wahrlich eine regionale Genussreise.

➔ **LE BERLÜ**

Isarvorstadt | www.leberlu.de | Mo–Sa ab 18.30 Uhr | Wittelsbacher Str. 16 | Tel. 089 74 74 77 50

ÜBER DEN DÄCHERN

Den Top-Ausblick gibt's gratis. Doch damit nicht genug. In luftiger Höhe, im sechsten Stock, wartet zudem noch eine Art INSIDER TIPP Vogelnest. Dank eines kleinen Vorbaus, am äußersten Ende des Dachgartens, herrscht dort ein Maximum an Privatsphäre. Was für ein Moment: zu zweit an der runden Tafel, langsam bricht der Abend an, der Champagner prickelt auf der Zunge und dann kommt sie, die Frage aller ... Übrigens, der Tisch bietet auch reichlich Platz für aktuelle oder zukünftige Schwiegereltern. Nicht verpassen: die monatliche LUNA-Party (www.luna-party.com). Da beginnt sogar der Mond zu tanzen.

➔ **BLUE SPA ROOF TOP BAR**

€€€ | Altstadt-Lehel | www.bayerischerhof.de | tgl. 8–22.30 Uhr (bei schönem Wetter bis 0 Uhr) | Promenadeplatz 2–6 | Tel. 089 2 12 08 75

ROMANTISCHES IM HINTERHOF

Ganz ehrlich, die BBQ-Terrasse (Mai–Aug.) ist wunderschön und ruhig gelegen. Ob nun draußen oder drinnen, wo es nicht minder stylisch ist, die Kochkunst des Iren aus Limerick hat sich weit rumgesprochen. Dafür stehen Konfierte Seeteufelbackerl, steirischer Rindfleischsalat und Pfifferlinge genauso wie Poltinger Entenbrust aus dem Big Green Egg auf süß-saurem Paprikagemüse und Pak Choi.

➔ **SHANE'S RESTAURANT**

Isarvorstadt | www.shanesrestaurant.de | Di–Sa 18–23 Uhr | Geyerstr. 52 | Tel. 089 74 64 68 20

CANDLELIGHT-GEHEIMNISSE

Ein romantisches Käfer-Dinner ist wie eine Küchen-Oper. Für die kulinarischen Hochgesänge sorgen Michael Emmerz und André Wöhner. Das »hohe C« liefern INSIDER TIPP Kräuter und Salate vom eigenen Dachgarten. Und als Bühne dient die offene Küche. Zu viel Öffentlichkeit? Dann lieber ins Separee, sprich eine der 16 sogenannten »Stubn«. Ob Kristall-, Tabak-, Nymphenburger- oder doch gleich die Hochzeitsstube? Die richtige Wahl fällt da manchmal schwer.

➔ **KÄFER-SCHÄNKE**

Bogenhausen | www.feinkost-kaefer.de/schaenke | Mo–Sa 11.30–23 Uhr | Prinzregentenstr. 73 | Tel. 089 4 16 82 47

Gaumen-Wellness
Exklusives Private Dining im The Louis Grillroom

PURE LEBENSFREUDE IM SCHATTEN VON ST. PETER

Servus, Emiko, schön wars! Ein großes Hallo dem neuen Grillroom. Der Alte Peter bleibt zum Greifen nah. Aber von nun an duftet es hier oben, wie unten im Restaurant, nach köstlichen Fleischdelikatessen. Die Metzger Prime-Cuts kommen von Veredlern aus der Region und ein INSIDER TIPP Fleisch-Sommelier hilft bei der Genusswahl. Ambiente und Kulisse lassen Hasi nach wie vor träumen, ganz zu schweigen von den Gaumenfreuden.

➔ THE LOUIS GRILLROOM

€€€ | Altstadt-Lehel | www.thelouisgrillroom.com | Restaurant: tgl. 17.30–23, Dachterrasse: tgl. 17.30–23 Uhr bei schönem Wetter | Viktualienmarkt 6 | Tel. 089 41 11 90 81 11

GUTER FANG

Geräuchert, gebeizt, gehackt oder roh, der Name verrät es bereits, Münchens erstes skandinavisches Restaurant zelebriert den Lachs der Insel Froya in Höchstkultur. Nicht minder fein verheißungsvoll die Cocktails wie »Milky Björnbar«, alle natürlich mit der passenden nordischen Note versehen. So klar und puristisch das Design, so gemütlich erscheint dieser Ort im abendlichen Kerzenschein.

➔ LAX BAR

€€€ | Altstadt-Lehel | laxbar.com | Mo–Do 18–24, Fr/Sa 15–1 Uhr | Oberanger 32 | Tel. 089 45 20 17 14

Ganz. Schön. Hässlich.

FARBTUPFER IN DEN ISARAUEN

So eine schöne Holzbrücke, wie die in Thalkirchen, ist leider einzigartig. Flussabwärts findet man nur noch tiefgraue Betonkonstruktionen, die bei trübem Wetter die Stimmung gleich nochmals senken. Nur gut, dass es viele bunte Farbtupfer gibt und jeder für sich ein Meisterwerk ist. Willkommen in den Open-Air-Galerien der Isarauen.

➔ **BRUDERMÜHLBRÜCKE**
Untergiesing |
streetart-muenchen.de

... aber hat was!

AUTOS RAUS, MENSCHEN REIN

Stopp und Go, Stopp und Go, das war der Rhythmus der Blechlawine Richtung Marienplatz. Damit ist nun Schluss. Denn gierig greift Münchens Fußgängerzone nach der Sendlinger Straße. Schon bald sollen hier Bauminseln als Ruheoasen dienen. Neue Geschäfte werden kommen, Caféterrassen sich mehren und das Shoppingfieber steigern. Eine neue Großstadtbühne entsteht.

➔ SENDLINGER STRASSE

Altstadt | Sendlinger Straße

BOOMTOWN

Auf der Baustelle Werksviertel Mitte, wo einst Knödel in den Pfanni-Werken geformt wurden, hat nun ein neues Zeitalter begonnen: Im Werksviertel Mitte wächst nach und nach ein neuer Stadtteil, in dem neben Bürohengsten auch Musicaldarsteller (Werk 7) und Start-ups eine spannende Heimat gefunden haben. Hingucker des sich wandelnden Viertels sind das 78 Meter hohe Hi-Sky-Riesenrad und die kunterbunte, an Berliner Nachwendezeiten erinnernde INSIDER TIPP Container-City, die von Münchner Kreativen und Szenegastronomen bespielt wird.

➔ WERKSVIERTEL MÜNCHEN

Berg am Laim | www.werksviertel-mitte.de

VOM SCHMUDDELKIND ZUR ZUKUNFTSVISION

Während andernorts Hauptbahnhöfe altehrwürdige Gebäude sind, muss München sich für seinen zentralen Ankunftsort geradezu schämen. Doch bald wird alles anders. Einen Eindruck vermittelt der schneeweiße Multimedia-Portalbogen, der in der Ankunftshalle steht. Dort lässt sich die nächste Bahnhofsgeneration, die 2029 fertig sein wird, schon in Andeutungen erleben.

➔ HAUPTBAHNHOF MÜNCHEN

Maxvorstadt | Bayerstr. 10a | www.muenchen.de/rathaus/Stadtverwaltung/Referat-fuer-Stadtplanung-und-Bauordnung/Projekte/Hauptbahnhof.html

BÄUME AUF REISEN

Überall wird nur noch verdichtet. Wo bleibt da das Grün, was die Lebensqualität um einiges steigern kann? Die Wanderbaumallee schafft Abhilfe. Mehr als 60 triste Münchner Asphaltstrecken wurden schon mit den 15 mobilen Bäumen aufgehübscht. Wer der grünen Karawane folgen möchte, wirft einen Blick auf die Homepage, auf der sich auch noch andere Stadtverschönerungsprojekte befinden.

➔ WANDERBAUMALLEE

www.greencity.de/projekt/wanderbaumallee

… DER GANZEN CLIQUE

Hier gibt's genug für alle

Spiel mit dem Feuer

Hot Pots sind in

AUFGEBRÜHT IM REICH DER MITTE

Was den Schweizern ihr Käsefondue, ist den Chinesen ihr Hot Pot. Allerdings handelt es sich hier um eine Suppenvariante, den traditionellen westchinesischen Feuertopf. Die zweigeteilten Hot Pots werden mit zweierlei Brühen serviert – je nach persönlichem Gusto. Ob Gemüse, Fleisch, Fisch, Meeresfrüchte oder Nudeln, ob mild bis feurig scharf, alles ist im Nu gegart. So lässt es sich mit Uschi, Bert, Klaus, Gabi, Peter und all den anderen zehn Freunden entspannt genießen. Das Hot-Pot-All-You-Can-Eat kostet 26,90 Euro und dauert ca. zweieinhalb Stunden.

➔ CHOIS

Isarvorstadt | **www.chois-hotpot.de | Mo–Fr ab 18 Uhr, Sa/So 12–15, ab 18 Uhr | Tumblingerstr. 36 | Tel. 089 39 29 01 31**

WIE BEI MAMMA

Mit Pasta und Pizza kann man einfach nichts falsch machen. Und beim OhJulia schon gar nicht. Wer der Küche unserer Freunde jenseits des Brenners verfallen ist, der findet hier einen Ort des Trostes. Denn der typisch italienische Trubel lässt dich schnell vergessen, dass du in München und nicht in Florenz speist. Es schmeckt einfach wie in Bella Italia. Gilt ebenso für das selbst gebackene Brot. Und auch die Portionen fallen bei Mamma OhJulia nie zu klein aus. Unnütze Wartezeiten, wie an manchen Grenzen, entfallen dank modernster Pagersystematik.

➔ OHJULIA

Altstadt-Lehel | **www.ohjulia.de | Mo–Sa 10.30–23, So 12–22 Uhr | Hofstatt/Sendlinger Str. 12a | Tel. 089 2 15 52 46 20**

ASIEN IM SCHNELLDURCHLAUF

Hier geht's rund, und zwar von morgens bis abends. Um eins gleich klarzustellen, vergesst die üblichen Burger-Ketten, das Asia-Fast-Food, hier schmeckt's tausendmal besser. Sparmenüs gibt es bereits ab 6,50 Euro, z.B. Softdrink, Peking-Suppe und Reisnudeln. Vergangenheit: das beliebte All-you can-eat-Buffet. Dafür gibt's Gebratene Nudeln für 4 Euro. Die Wan-Tans sind allerdings viel zu klein. Tipp: Suppen wie Pho Bo.

➔ CHINA EXPRESS

Ludwigsvorstadt | **www.chinaexpressmuenchen.de | Mo–Fr 11.30–21, Sa 12–21, So 14–21 Uhr | Sonnenstr. 4 | Tel. 089 59 97 88 91**

MONTAG GEHT'S NACH MEXICO

Das ist mal eine interessante Variante, bei der es zum Buffet den Cocktail zum Spartarif dazu gibt. Normalerweise kostet das Mexican-All-You-Can-Eat-Buffet montags immer 12,80 Euro. Beim Ausflug zu viert – 62 Euro – inklusive einem Cocktail nach Wahl, lassen sich sogar satte 12 Euro sparen. Na, dann nichts wie ran an die äh …, Fajitas, Tacos, Enchiladas, Chili con Carne und Spare Ribs.

➔ ESCOBAR

Haidhausen | **www.escobar-muenchen.de | Mo–Fr 17–1, Sa 17–3 Uhr | Breisacherstr. 19 | Tel. 089 48 51 37**

OLYMPISCHES GRILLGUT

Hier spielt es mal wirklich keine Rolle, mit wie viel Leuten – ob zu fünft oder zu zehnt – man sich zum Essen treffen will. Hollywoodschaukeln, Tische und Stühle sowie Grills gibt es genügend. Und das Ambiente, mitten im Olympiapark, ist genial. Die Grills werden sogar geputzt. Lediglich ein Tellergeld von 4,40 Euro pro Person wird fällig. Die Luxusvariante, statt selbst Einkaufen und Grillen: ein Grillbuffet (17,50–33,50 Euro pro Person).

➔ BOB IM PARK

Milbertshofen | **www.bob-im-park.de | Mo–Do 15–24, Fr 13–1, Sa 11–1, So 11–22 Uhr | Kolehmainenweg/ Olympiapark-Tennisanlage | Tel. 089 37 96 14 00**

GENUSS HOCH ZWEI

Japan und Vietnam, daraus leitet sich übrigens der Name ab, bestechen beide durch eine leichte, frische und authentische Kulinarik. Hier das Sushi, dort Nudelsuppen wie Pho Bo. Beides harmoniert im Javi bestens, so dass die vietnamesische Vorspeisenplatte (4 Pers./33 Euro) den optimalen Einstieg zum Sushi-Wahnsinn namens Tokyo (4 Pers./49,80 Euro) bietet. Hier wird Fernost durch und durch gelebt, wofür auch das stillvolle Ambiente unter den Zweigen des ewig blühenden Kirschbaums steht. Alles geradezu geschaffen für eine Ladys-Night.

➔ JAVI

Schwabing-West | www.javi-restaurant.de | tgl. 11.30–14.30, 17.30–23.00 Uhr | Schleißheimerstr. 182 | Tel. 089 30 66 67 70

SELBST GRILLT DER GAST

Männer am Grill finden sich hier reichlich. Genauer gesagt: am Lavasteingrill. Allerdings lieben auch Frauen das Spiel mit dem Feuer und zeigen den männlichen Artgenossen immer wieder, dass sie mal besser die Grilleinweisungen durchgelesen hätten. Oder zumindest den Expertenrat befolgt hätten, wenn es um medium rare, blutig oder totgebraten geht. Vegetarier legen Gemüse und Halloumi-Käse auf den Rost. Selbstgrillen im Restaurant, mal eine neue Unterhaltungsvariante.

➔ GRILL & GRACE

www.westend.grillandgrace.com

Schwanthalerhöhe | Mo–Fr 11.30–14.30, Di–Sa 17.30–23 Uhr | Guldeinstr. 50 | Tel. 089 14 34 89 40

Maxvorstadt | So–Do 17.30–23, Fr/Sa 17.30–1 Uhr | Gabelbergerstr. 97 | Tel. 089 52 22 97

HÜTTENZAUBER IN THE CITY

Mist, schon wieder das Stück Brot verloren. Die Strafe folgt sogleich. Her mit dem Kirschwasser! Ist schließlich auch im Käsefondue enthalten. Und dieses Schmankerl wird in der Alm geradezu zelebriert. **INSIDER TIPP** Vom Appenzeller-Gruyère-Mix bis zum Fondue Chinoise, ob zu zweit oder zu zehnt, es gibt wohl keinen geselligeren kulinarischen Spaß, als gemeinsam im Käse oder der Gemüsebrühe rumzustochern. Noch dazu, wenn es so sau guad schmeckt.

➔ GÄRTNERPLATZ ALM

Isarvorstadt | www.gaertnerplatzalm.de | Di–Do 18–24, Fr/Sa 18–1 Uhr | Corneliusstr. 16 | Tel. 0176 20 43 40 94

WIE EINST BAYERNS KÖNIGE

Plündert das Buffet! Ob Brunch oder die kulinarische Reise All-You-Can-Eat, sich gemeinsam durch all die Köstlichkeiten futtern macht Spaß, spart Geld und bietet hier tatsächlich eine Vielfalt an Specials. Angefangen beim Fisch bis zum Schnitzel, weiter mit dem Steaktag bis zum American BBQ, ganz zu schweigen vom Spargelbuffet, im Hirschgarten lässt es sich fürstlich speisen. Der Wirt versteht es halt, seine Gäste zu verwöhnen, ganz so wie einst Bayerns Könige, die es sich hier schon haben gut gehen lassen.

➔ KÖNIGLICHER HIRSCHGARTEN

Nymphenburg | www.hirschgarten.de | tgl. 10–24, Specials s. Terminplan abends 18–21, Brunch 11–14 Uhr | Hirschgarten 1 | Tel. 089 17 99 91 19

Mach doch selbst!

Grillmeister gesucht: im Grill & Grace

… DEN SCHWIEGER-ELTERN

Maria, der Schwieger-mutter schmeckt's doch!

Nicht kleckern …

… klotzen. Im Spatenhaus Mama und Papa verwöhnen

MIT SCHWIEGERMUTTERN NACH PARIS

Was wiedergutmachen? Die Schwiegereltern für sich gewinnen? Da muss ein kulinarischer Ausflug nach Paris her. Los geht's zu Monsieur Loic, der mit seinem Team auch in neuer Umgebung und mit neuem Look wieder zu Hochform aufläuft. Ob Steinbuttfilet mit Bernaise oder Fondant de Boeuf mit Schoko-Rotweinsauce, dazu gibt's saisonales Gemüse. Keine Frage, die Nouvelle Bistro Cuisine wird sehr gut ankommen. Der Familienfriede ist gerettet!

➔ L'ADRESSE 37

€€€ | Schwanthalerhöhe | www.ladresse37.de | tgl. 18–0.30 Uhr | Tulbeckstr. 9 | Tel. 089 62 23 21 19

DYNAMISCHES GOURMET-DUO

Nicht nur für – die zukünftigen – Schwiegereltern ein Gourmetvergnügen, von Bastian Hartwig und Chris Friedrich umsorgt zu werden. Hartwig ist der Mann für die Charme-Offensive und Friedrich sorgt für den französischen Gaumenspaß. Zahlen müssen aber Sie.

➔ NEO-BRASSERIE HOIZ

€€€ | Maxvorstadt | www.hoiz.restaurant | Mo–Fr 11.30–1, Sa 18–1 Uhr | Karlstr. 10 | Tel. 089 28 80 88 09

DER VERLORENE SOHN IST ZURÜCK

Da freut sich jede Schwiegermutter, wenn Sternekoch Ali Güngörmüş, der in seine gastronomische Heimatstadt München zurückgekehrt ist, so Feines wie Ravioli gefüllt mit Rind und Gänseleber oder Thunfisch mit Ceviche-Aromen servieren lässt. Was ein Glück, ist er dem Ruf seines Mentors, Karl Ederer, gefolgt.

➔ PAGEOU

€€€ | Altstadt-Lehel | www.pageou.de | Di–Fr 12–14.30, 18.30–22, Sa 12–15, 18.30–22 Uhr | Kardinal-Faulhaber-Str. 10 | Tel. 089 24 23 13 10

EDLE KÜCHENKUNST

Bayerische Küche auf Top-Niveau hat natürlich ihren Preis, aber wenn Muttern in der Stadt ist, sollte man nicht am falschen Ende sparen. Wer passt denn demnächst wieder auf die kleinen Rabauken auf? Auch das gehobene Ambiente wird Oma und Opa gnädig stimmen. Die edle, bayerische Kochtradition lässt sich auch auf der Terrasse mit freiem Blick zur Oper genießen. Dort gibt es dann große Kunst zu ermäßigten Preisen.

➔ SPATENHAUS AN DER OPER

€€€ | Altstadt-Lehel | www.kuffler.de | tgl. 9.30–0.30 Uhr | Residenzstr. 12 | Tel. 089 2 90 70 60

REGIONALE FEINSCHMECKER

Auf zu neuen Welten, könnte das Motto in Münchens ältestem Weinhaus sein. Im Weinhaus Neuer wird Regionalität durch und durch gelebt. Wenn aus der Küche fantastische, bayerische und österreichische Speisen auf dem Tisch landen, werden die Ahs, Ohs und Hmms nicht lange auf sich warten lassen. Dazu noch der passende Wein und schon dürfte der Segen der Verwandschaft sicher sein.

➔ WEINHAUS NEUNER

€€€ | Altstadt-Lehel | www.weinhaus-neuner.de | tgl. 12–24 Uhr | Herzogspitalstr. 8 | Tel. 089 2 60 39 54

DER SCHEIN TRÜGT

Zugegeben, die Landsberger Straße ist nicht die schickste Adresse. Aber dieser cool gestylte Tempel japanischer Kochkunst, versehen mit einem Hauch südamerikanischer Kulinarik, bietet Genussfreuden auf Sterneniveau. Da kann die Kreditkarte schon mal zum Glühen kommen, wenn man gemeinsam mit den Schwiegereltern schlemmt.

➔ IZAKAYA

€€€ | Westend | izakaya-restaurant.com/munich | Lunch: Mo–Fr 12–14.30, Sa 12.30–15, So 12–16 Uhr; Dinner: So–Mi 18–23, Do–Sa 18–23.30, Bar tgl. 12–24 Uhr | Landsberger Str. 68 | Tel. 089 1 22 23 20 00

... DEN KLEINEN MONSTERN

Lara will nicht aus dem Pommes-Paradies abgeholt werden

BIERGARTEN-KINDERLAND

Der Hofbräukeller am Wiener Platz begeistert Kids (und damit, na klar, auch Eltern) schon seit Jahren im nun umgebauten Kinderland. Ein bis zwei Betreuerinnen bemühen sich (klappt ja schließlich nicht immer), die Jüngsten (2–8 Jahre, max. 20 Kinder) zu beschäftigen, während die Eltern in aller Seelenruhe den knusprigen Schweinsbraten genießen. Und wie wäre es, mal ohne nervige Eltern Geburtstag zu feiern? Null Problemo, es werden verschiedene Feiermöglichkeiten angeboten – *party hard!*

➔ HOFBRÄUKELLER KINDERLAND

Haidhausen | www.hofbraeukeller.de | Mo–Do Wetter bedingt, Fr 16–20, Sa/So 11–20 Uhr | Innere Wiener Str. 19 | Tel. 089 4 59 92 50

SO SWEET!

Ja, es klingt wie im Märchen: Kita, flexible Babybetreuung, betreute Spielgruppen, großzügige In-und Outdoor-Spielflächen, Kurse für werdende Eltern, Babies, Kinder und Erwachsene und *on top* noch ein gemütliches Hinterhof-Café, die Villa Kunterbunt. Hier wird Kindern und ihren Begleitern wirklich der Tag versüßt. Kids von 3–8 Jahren schnipseln, kleben und malen in bezaubernden Bastelworkshops!

➔ ZUCKERTAG

Isarvorstadt | www.zuckertag.com | Kindercafé & Spielzimmer: Di–Sa 14.30–18, So 9–18 Uhr | Ehrengutstr. 10 | Tel. 089 20 32 07 19

SENSATIONSKUCHEN!

Stimmung: tiefenentspannt. Knirpsi isst gerne mit den Händen? Go for it, das stört hier niemanden. Kein Chichi, klare Linien, von allem das Beste. Das Familiencafé, benannt nach der jüngsten Tochter der Betreiber, hat eine kleine Kinderspielecke sowie ausreichend Buggi- und Kinderwägen-Parkplätze in der überdachten Einfahrt. Nicht im Gastraum! Und den Kuchen! Zauberfee Silvie macht die leckersten Konditorwerke der Stadt. Die Mangotarte! Der Zupfkuchen! Die weiße Trüffel-Himbeertarte!

➔ CAFÉ CLARA

Maxvorstadt | www.cafe-clara-muenchen.de | So, Di–Fr 10–19, Sa 9–19 Uhr | Isabellastr. 8 | Tel. 089 5 23 72 14

Spieltrieb
Auch die süßen Kleinen wollen Spaß

BETREUTES ESSEN

Wie großartig ist das denn? Im Restaurant-Café Kaiser Otto gibt es eine bestens ausgestattete Kidslounge – tgl. 9–19 Uhr, 1 Euro pro Kid unabhängig von der Spieldauer. Und das für ganz kleine und auch für schon etwas größere Sprösslinge – mit Krabbelecke, Tischkicker und Kinderbibliothek. Sonntagstipp für INSIDER TIPP alle unter 5 Jahren: Der Brunch ist gratis!

➔ KAISER OTTO

Isarvorstadt | www.kaiserotto.de | tgl. ab 9, So bis 18 Uhr, sonst ein bisschen länger auf | Westermühlstr. 8 | Tel. 089 21 01 96 97

NIE ALLEINE IN DEN WALD

Also eins ist der Murmelwald mit Sicherheit nicht: langweilig. Vorne geht es trockenen Fußes über den Shoppingpfad vorbei an hochwertigen Spielsachen, Kleidung und anderen kidsaffinen Sachen. Einmal die riesige, ungeheure Kasse überwunden, duftet es nach Kaffee und frischem Kuchen. Keine Angst, Hexen gibt es keine im Murmelwald, nur freundliche Servicefeen. Die Kleinen malen und spielen, während Mami zurück auf den Shoppingpfad kehrt.

➔ MURMELWALD

Maxvorstadt | www.murmelwald.de | Mo 9–19, Di–Fr 9–17.30, Sa 10–16 Uhr | Schleissheimerstr. 34 | Tel. 089 55 27 50 60

SAFER SPIELSPASS

Fast wie auf dem Land, nur mitten in der Stadt: Das Café Glückskind bietet neben einer Krabbel-und Spielecke auch eine große Terrasse, die an einem ruhigen, begrünten Hof liegt, keine befahrene Straße mindert den Spielspaß der Kinder oder strapaziert die Nerven der wachsamen Eltern. Und kein nerviges »Iss deinen Teller auf, sonst scheint morgen die Sonne nicht«: Alle Gerichte gibt es als Kinderportion zum halben Preis, genau richtig für den kleinen Magen.

➔ CAFÉ GLÜCKSKIND

Haidhausen | www.cafe-gluecks kind.de | tgl. 9–19 Uhr | Seeriederstr. 9 | Tel. 089 41 17 16 67

... DER LIEBEN FAMILIE

Essen gehen mit Kind und Kegel

GROSSSTADT-OASE

Gleich hinter der Bavaria, zur Linken der Bavariapark, zur Rechten das Verkehrsmuseum und mitten drinnen das Wirtshaus samt seinem Biergarten. Autos findet man hier nur museal, also optimal für Kinder zum Spielen und für die Erwachsenen zum Entspannen. Während die Plätze unter den Kastanien stets im Nu vergeben sind, zählen die beiden wirklich sehr gemütlichen Stüberln immer noch als eine Art Geheimtipp.

➔ WIRTSHAUS AM BAVARIAPARK

Schwanthalerhöhe | wirtshaus-am-bavariapark.com | Mo–Fr 11–24, Sa/So 9–24, Biergarten Mo–Fr 12–23, Sa/So 11–23 Uhr | Theresienhöhe 15 | Tel. 089 45 21 16 91

SO LASSET SIE ALLE ZU MIR KOMMEN ...

Willkommen im Spieleland. Angefangen beim Holz-Piratenschiff bis hin zum Nostalgiekarussell, hier hat sich mal wirklich jemand Gedanken gemacht, wie man die Kleinen am besten bespaßt und Mama und Papa zu etwas Kinder-Frei-Zeit kommen. Sonntags: Kinderbasteln 13–17 Uhr mit Betreuung (Tischreservierung erbeten). Ach ja, die Menterschwaige ist Münchens einziger Biergarten mit INSIDER TIPP Original Buchenholz-Pizzaofen. Auch das lieben Kids.

➔ GASTHOF MENTERSCHWAIGE

Harlaching | www.menterschwaige.de | tgl. 11–24 Uhr | Menterschwaigstr. 4 | Tel. 089 64 07 32

MÜNCHENGEFÜHL

Das Schönste am ersten warmen Frühlingsabend ist das Brummen – und zwar das friedliche Brummen des Stimmengewirrs der Gäste im Augustiner-Keller. Und zwischendrin toben Scharen von Kindern am Spielplatz. Dann noch der Duft von frischem Steckerlfisch vom Holzkohlegrill, reschen Hendln und knusprigen Brezn, oh München, wie schön kannst du sein! Und wenn's regnet, wechselt man nach innen, wo im Bräustüberl, Festsaal oder im griabigen Lagerkeller reichlich Platz ist. Die Kleinen können ja weiterhin im Garten toben.

➔ AUGUSTINER-KELLER

Maxvorstadt | www.augustinerkeller.de | Biergarten tgl. 11.30–24 Uhr | Arnulfstr. 52 | Tel. 089 59 43 93

BRUTAL VIEL NATUR

Was für eine geniale Idee: Der Schwarzhuber ist ein richtiger Meister im Entschleunigen. Mal vollkommen abgesehen von der guten Hausmannskost. Eier, Kartoffeln und Nudeln kommen vom eigenen Hof, den Rest liefert die Region. Seine Strandlounge ist eine Oase für gestresste Eltern. Wer kann schon einen 9-Loch-Fußballgolfplatz sein Eigen nennen? Ach ja, und dann wären da noch der Bobbycar-Fuhrpark, Strohpyramiden, reichlich Hühner, Hasen, Ponys, ein Erlebnisbauernhof und natürlich das gigantische Hanflabyrinth.

➔ SCHWARZHUBERS ABENTEUERLAND

Karlsfeld | www.brutal-regional.bayern | Do/Fr 14–20, Sa/So 10–20 Uhr | Schwarzhuberweg 1 | Tel. 0171 7 22 04 11

NICHT VOM WEG ABKOMMEN

Abenteuerspielplatz, Tiergehege mit Ziegen, Heidschnucken und Eseln, ein Funpark, Minigolf und Wiesen zum Rumtollen. Selbst Oma kann da mal die Füße hochlegen und lecker frisch gebackenes Krustenbrot mit hausgemachtem Obatzd'n genießen. Das Highlight: ein INSIDER TIPP 30 000 qm großes Maislabyrinth im Juli und August.

➔ FORST KASTEN

Gauting | forst-kasten.de | Biergarten: Mo–Fr ab 11, Sa/So ab 10 Uhr | Tel. 089 8 50 03 60

JA, WIR SAN MIT DEM RADL DA

Olympia 1972, keine Zeit für ein Bier. Radhelden wie Francesco Moser, Hennie Kuiper oder Deutschlands Medaillenhoffnung Wilfried Trott flitzen durch den Biergarten in spe, der Teil des olympischen Rundkurses war. Für Biergarten und Gasthof gab's seitdem reichlich Auszeichnungen: Ob Bayerische Ente oder feuriges Lammcurry, Chef Stefan Kastner versteht sein Handwerk bestens. Ein Kinderparadies! Mitten im Wald gelegen, samt großem Spielplatz. Einmalig: der Wildschweinpark, nur 400 m entfernt.

➔ WALDGASTHOF BUCHENHAIN

Baierbrunn | www.giesinger-braeu.de | Mo–Do 11–23, Fr 11–24, Sa 10–24, So 10–22 Uhr | Martin-Luther-Str. 2 | Tel. 089 55 06 21 84

Es geht rund

Im Menterschwaige dreht sich's um Spaß – und zwar für alle

... DER GANZEN VERWANDTSCHAFT

Feste feiern, wo Platz für alle ist

FAST WIE IM HIMMEL

Da fühlt man sich gleich wie auf Wolke sieben. Die bis ins kleinste Detail und sehr liebevoll arrangierten Räume – ›Himmel‹ und ›Erde‹ – bieten Platz für bis zu 75 Personen. Soviel Himmel und Engel gibt es sonst wohl nirgends mehr in München. Und das Ganze kann bei geschlossener Gesellschaft bereits für 300 Euro gemietet werden. Verhungern muss auch niemand, denn Catering gibt's auf Anfrage. Also: Jauchzet und jubilieret wie die himmlischen Herrscharen!

➜ BRANDNER KASPAR

Untergiesing | brandnerkaspar.de | Fr/Sa ab 20–4 Uhr | Sommerstr. 39 | Tel. 089 65 29 22

ABSOLUT FILMREIF

Erprobt für Partys und Premieren. Oft genug wird hier der rote Teppich ausgerollt und ein Blitzlichtgewitter ergeht über die Festivalgäste. Für die eigene Premiere des Lebenswerks ist der Rahmen also optimal vorbereitet. Zum lauschigen Ambiente trägt auch die entspannte Hinterhofatmo bei. Und wer statt Beamer-Leinwand lieber die Originalversion möchte, dem bieten Atelier 1 und 2 (152 bzw. 82 Euro) beste Bedingungen. Angestoßen wird dann in der Filmwirtschaft (250–400 Euro, plus Verzehr).

➜ FILMWIRTSCHAFT

Ludwigsvorstadt | city-kinos.de | Mo–Do 16.30–24, Fr 16.30–1, Sa 14.30–1, So 14.30–24 Uhr | Sonnenstr. 12 | Tel. 089 21 58 88 80

VON INDIE BIS FAMILY

Der Name verheißt Gutes und ja, im Feierwerk findet man für jede Gelegenheit die passende Location: ob 50 oder 1500 Gäste, vom Orangehouse (250 Pers.) bis zur Konzerthalle Hansa 39 (1000 Pers.). Parkplätze ohne Ende und den MVV vor der Haustüre! Und für Verpflegung sorgt die Feierwerk-Küche, falls man keine eigenen Ambitionen hat. Kurz: ein Rundum-sorglos-Paket fürs Partyvolk. So wird die Party, Firmenfeier oder Hochzeit gelingen! Und für den Kindergeburtstag lässt sich auch der Skatepark kurzerhand in Beschlag nehmen.

➜ FEIERWERK

Sendling-Westpark | www.feierwerk.de | Hansastr. 39–41 | Tel. 089 72 48 80

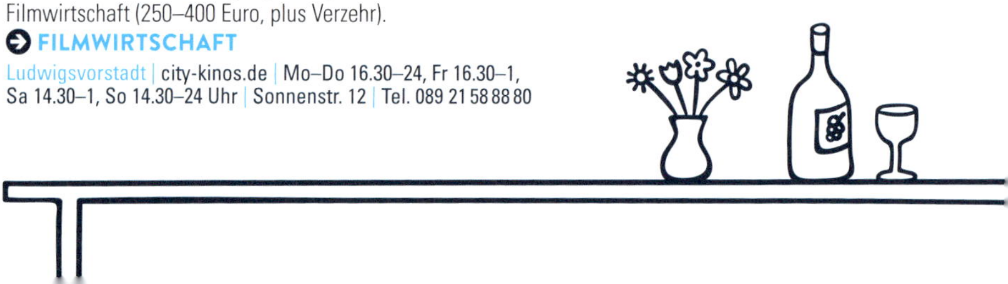

Himmlisch
Im Brandner Kaspar hängt der Himmel voller ... äh, Geigen sind bestimmt auch dabei

VORHANG AUF

Guten Abend, die Damen, guten Abend, die Herren – auf der Suche nach dem gewissen Extra für ihre Party? Dann auf ins Rationaltheater. INSIDER TIPP Bühne frei für den Star des Abends! Maximal 90 Gäste können applaudieren oder die Tanzfläche erklimmen. Oder doch eine private Filmvorführung? Hier mutieren die Urlaubserinnerungen dank Kinoleinwand gleich zum Monumentalfilm. Wer mag, kann das Catering gleich mitbuchen.

➔ RATIONALTHEATER

Schwabing-Freimann | www.rationaltheater.de | Hesseloherstr. 18 | Tel. 0179 5 30 61 96 oder 089 33 50 03

DAS PERSÖNLICHE RESTAURANT

Klassisches Abendessen oder Big Party? Alles drin. Im Heimspiel können sich ca. 25 Personen bekochen lassen oder gar selbst unter Anleitung den Kochlöffel schwingen. Wenn's mehr sein sollen, ist eher die Stehparty-Variante mit Flying Bufett ratsam. Die reine Locationmiete liegt am Wochenende bei 400 Euro und einem Mindestumsatz von 1200 Euro.

➔ HEIMSPIEL

Isarvorstadt | www.heimspiel-muenchen.com | nur Miet-Location | Ehrengutstr. 14 | Tel. 089 14 33 02 90

GROSSES THEATER

Einmal im historischen Silbersaal im Deutschen Theater feiern, unter dem prachtvollen Deckengemälde übers Parkett schweben ... was für ein Feier(t)raum! Eine wahrlich tolle Top-Location für wirklich, wirklich besondere Anlässe. Unbestuhlt bietet sie bis 400 Gästen die Möglichkeit ausgiebig abzufeiern. Mit Konzertbestuhlung sind es noch 231 Plätze. Für 3000 Euro Miete kann man hier seinen Gästen großes Theater bieten. Catering? Na, klaro.

➔ SILBERSAAL | DEUTSCHES THEATER

Ludwigsvorstadt | www.deutsches-theater.de/vermietung | Schwanthalerstr. 13 | Tel. 089 55 23 43 65

HB

FÜR WELCHEN HUNGER DARF'S WAS SEIN?

RIESEN-KOHLDAMPF

Hier wird garantiert jeder pappsatt

Riesig lecker
Schnitzelhunger? Steinheil 16 hilft

LECKER ESSEN, BIS NIX MEHR REINPASST

Schon Generationen von angehenden Juristen, Philologen oder Pädagogen haben hier das recht preiswerte, bodenständige und vor allem reichhaltige Essen sowie die ein oder andere Halbe genossen. Kein Wunder, dass sie auch in ihrer zweiten Karriere den Weg hierher finden! Im Sommer sitzt es sich lauschig im versteckten Biergärtchen. Unter der Woche lässt es sich mittags bereits ab 5,90 Euro bestens speisen. Topp: Alle Egger-Lokale engagieren sich sozial für eine Gesamtschule auf Madagaskar.

➔ ATZINGER

Maxvorstadt | www.atzingermuenchen.de | tgl. 9–1 Uhr | Schellingstr. 9 | Tel. 089 28 28 80

FUTTERN WIE EINST LENIN

Pappsatt! So is' recht! Eine wahre Fleischorgie, so eine Schelling-Salon-Hausgrillplatte für zwei Personen (30,50 Euro). Wer sich für eins der täglichen Menüs entscheidet, bekommt mit Suppe, Hauptgericht und Dessert drei auf einen Schlag für wenig Geld. Da reiht man sich gerne ein in den Reigen hungriger Berühmtheiten wie Rilke, Lenin, oder Kandinsky, die einst der Hunger hierher trieb.

➔ SCHELLING SALON

Maxvorstadt | www.schelling-salon.de | Mo 10–0.30, Do–Sa 10–1, So 10–24 Uhr | Schellingstr. 54 | Tel. 089 272 07 88

SCHNITZEL-PARADIES

Zufrieden zurücklehnen – so endet im Normalfall ein Besuch im Steinheil 16. Die riesigen, recht günstigen Schnitzel Wiener Art samt knusprig-frittierter Kartoffelscheiben haben bislang jeden mehr als satt bekommen. Die legendären Elefantenohren (okay, vom Baby-Elefanten – aber so sehen die Schnitzel echt aus) schmecken zum frisch vom Hahn gezapften Augustiner-Hopfensaft am besten. Hohe Studentendichte und oft voll (also der Laden), aber die netten Bedienungen finden meist für jeden noch ein Platzerl.

➔ STEINHEIL 16

Maxvorstadt | www.steinheil16.de | tgl. 10–1 Uhr | Steinheilstr.16 | Tel. 089 52 74 88

PIZZA IM WAGENRAD-FORMAT

Bärenhunger? *Avanti, avanti!* Hier gibt es solide italienische Kost, und zwar viel davon, serviert von stets gut gelauntem Personal. Eine Pizza, zwei Teller: So lautet das oberste Gebot in der L´Osteria. Knusprig, dünn und riesig – die Hefeteig-Rundlinge in der Filliale in Schwabing-West sind auch hier mächtig sattmachend. Serviert werden sie in den ehrenwerten Räumen des ehemaligen Romagna Antica, über das Helmut Dietl den Film »Rossini« drehte. Pssst: Die Außenfläche ist ein kleines Raucher-Refugium mit Wärmestrahlern!

➔ L'OSTERIA ELISABETHSTRASSE

Schwabing-West | www.losteria.de | Mo–Sa 11–24, So 12–24 Uhr | Elisabethstr. 52 | Tel. 089 28 80 30 40

WIE IM SCHLARAFFENLAND

Sushi? Peking-Suppe? Acht Kostbarkeiten? Alles querbeet? Spielt keine Rolle. Das Mittagsbuffet (tgl. 11.30–14.30 Uhr) ist ein scheinbar nicht versiegender Strom an mongolisch-chinesischen Köstlichkeiten (Mo–Fr 7,80 Euro, Sa 11,80 Euro, So 13,80 Euro). Wer lieber gen Abend hier einfallen möchte, der legt zwischen 18–22 Uhr acht Euro (15,80 Euro) drauf und darf sich so richtig durchfuttern.

➔ ASIEN PERLE

Laim | www.restaurant-asienperle.de | tgl. 11.30–15, 17.30–24 Uhr | Agnes-Bernauer-Str. 51 | Tel. 089 58 98 88 63

Kill die Kilos!

Kaumuskel trainiert? Nun folgt der Rest!

STRANDSPIELE

Ob Sommer oder Winter, beim Baggern schmelzen die Kilos nur so dahin. Der Sand fordert jeden Muskel und der Spaßfaktor ist hoch. Auf den fünf Beachvolleyball-Indoor- und drei -Outdoorplätzen (24–112 Euro/2 Std.) lässt es sich ganzjährig schwitzen. Zur Muskelentspannung gibt's nach der Dusche ein kühles Getränk im Beachclub.

➔ BEACH 38°

Berg am Laim | www.beach38.de | Beachsport: Mo–Fr 15–23, Sa 11–23, So 11–17 Uhr | Friedenstr. 22 c | Tel. 089 63 98 95 10

TÄGLICHE RADLTOUREN

Ja, mir san mit'm Radl da! Ob mit MTB, Tandem, Renn- oder Tourenrennrad – der ADFC bietet Tages-und Mehrtagestouren an, die vom gemütlichen Pedaletreter bis zum rasanten Sportler alle ins Schwitzen bringen. Das Allercoolste: Man muss sich bei den meisten Touren nicht anmelden, sondern einfach zum auf der Website veröffentlichten Treffpunkt kommen. Herrlich spontan und sportlich!

ADFC

www.adfc-muenchen.de | Tel. 089 77 34 29

FREILUFT-FITNESSSTUDIO

Trimm-Dich-Pfade – von wegen retro! In den 70er-Jahren schossen sie wie Pilze aus dem Boden. Heute findet man den Klassiker nur noch vereinzelt. Abgelöst wurden sie zum Teil von Fitnessparcours. Nahe der Brudermühlbrücke in den Isarauen liegt einer der besten. Alles top erklärt und vollkommen kostenlos.

TRIMM-DICH-PFAD ISARAUEN

Untergiesing | www.trimm-dich-pfad.com | Candidstr. 30

BAGGER DEN SPECK WEG

Münchens größtes Freibad bietet – neben drei Pools, einem Erlebnisbecken mit Strömungskanal, Kinderbecken, einer Sprunganlage sowie einer 57-m-Wasserrutsche – auch ein FKK-Areal mit einem Bereich nur für Frauen. Wenn beim Schwimmen die Kilos nicht purzeln, bleiben noch Beachvolleyball oder Fußball.

UNGERERBAD

Schwabing-Freimann | www.swm.de | Mai–Aug. ab 10, Fr–So ab 9 Uhr, genaue Endzeiten wetterabhängig | Traubestr. 3 | Tel. 089 23 61 50 50

OLYMPIA-VERDÄCHTIG SCHWITZEN

Slackline, Reifenlaufen, Springfeld, Balancierstrecke, Calisthenics, dies sind nur fünf von neun Stationen, die es beim neuen Outdoor-Zirkeltraining nahe dem Olympiasee zu bewältigen gilt. Ob morgens, mittags, abends oder nachts – hier kann immer kostenfrei geschwitzt werden. Spezielle Übungsvideos gibt's online.

4FCIRCLE/ AOK-BEWEGUNGSINSEL

Milbersthofen | bayern.aok.de/inhalt/bewegungsinsel | tgl. 24 Std. | am Willi-Gebhardt-Ufer/Olympiapark

SO RICHTIG GESUND

So werd ich 100 Jahre alt!

VEGETARISCH MAL ANDERS

Für den Einstieg in den edlen Tempel der Fleischlosen bietet sich der ›Tian Light Lunch‹ an. Das 3- oder 4-Gänge-Wunschmenü kommt mittwochs bis freitags von 12–14 Uhr für 47 oder 56 Euro auf den Tisch. Willkommen in neuen Geschmackswelten voller gesunder, naturbelassener Köstlichkeiten! Und Gratulation zum Stern.

➔ **TIAN**

€€€ | Altstadt-Lehel | www.tian-restaurant.com/muenchen | Mi–Sa 12–14, Di–Sa 18–21.30 Uhr | Frauenstr. 4 | Tel. 089 8 85 65 67 12

EINFACH. NATÜRLICH. ESSEN

… klingt gut, schmeckt auch gut. Mal unabhängig vom eigenen Geschmackslevel, die 5-Sterne-Wertungen verschiedener Portale kann man nur unterstreichen. Die wechselnden Wochenkarten lassen nie Langeweile aufkommen und sind ein Beleg der äußerst kreativen, gesunden Küche. Ein Veganer im Univiertel, der dazu *very stylish* daherkommt, das ist eine fast unschlagbare Kombi.

➔ **GRATITUDE**

Maxvorstadt | www.gratitude-restaurant.de | Di–Sa 12–14.30, Di–So 18–24 Uhr, | Türkenstr. 55 | Tel. 089 88 98 21 74

Alles bestens
Gratitude heißt ›Dankbarkeit‹, in dem Fall für die gesunde, köstliche Küche

ABSOLUT PROMILLEFREI

Schon gewusst? Max von Pettenkofer, Namensgeber des veganen Restaurants, war Vorsitzender des Vereins gegen den Missbrauch geistiger Getränke. Grund genug, keinen Alkohol auszuschenken. Bier und Wein gibt es nur ohne Promille. Ist ja auch irgendwie gesünder ... Positiver Nebeneffekt: die Speisen wie der Ayurveda-Teller oder das Thai-Curry kitzeln den Gaumen noch mehr. Ein Blick auf die Homepage weckt die Vorfreude auf INSIDER TIPP Specials wie Buddha Weeks oder French Haute Cuisine.

➜ MAX PETT

Ludwigsvorstadt | www.max-pett.de | Mo–Fr 11.30–23, Sa/So 10–23 Uhr | Pettenkoferstr. 8 | Tel. 089 55 86 91 19

EISKALTE VE

SOS. Herzschmerz'
Venezia-Patron Se
bayerischen Seele
italienischen Eisku
umsonst, Müncher
Stadt. Und Eisbech
Spezialität des Ha
Gegenmittel gege

➜ EISCAFÉ VE

Neuhausen | www.
tgl. 8–24 Uhr | Rotk

DER VORREITER

Wer bisher diesen Hort der hohen vegetarischen und veganen Kochkunst noch nicht kennt, dem ist wirklich etwas entgangen. Selbst die internationale Presse überschlägt sich regelmäßig mit Kommentaren. Die kulinarische Reise führt über den Fernen Osten nach Indien und Italien. Eine persönliche Empfehlung: das Kartoffel-Zucchini-Trüffelgratin. Ach ja, wem nach etwas Süßem ist, der sollte sich an die hausgemachten Kuchen und Desserts halten.

➜ PRINZ MYSHKIN/ PRINZ MYSHKIN GARDEN

Altstadt-Lehel | www.prinzmyshkin.com | tgl. 11–1 Uhr | Hackenstr. 2 | Tel. 089 26 55 96
Obermenzing | www.prinzmyshkin-garden.com | Frühstück: Mo–Sa 6.30–10, So/Fei 7–11, Restaurant: tgl. 12–22 Uhr | Menzinger Str. 103 | Tel. 089 8 11 10 01

JA MEI, DIE RESI

Die Jungs und Mädels vom VollCorner schwimmen ja schon seit den Achtzigern auf der Bio-Welle und zählen zu den Top-Adressen Münchens, wenn es um gesunde, nachhaltige Lebensmittel geht. Mit der »Resi« starten sie ihr erstes richtiges Gastro-Konzept. Auf der Karte stehen Leckereien wie Kräuterrisotto mit krossem Coppa di Parma und Parmesanspähnen oder Spargel, Hühnerbrust mit Kräutern und Lardo, Corbiolo-Olivenöl und Petersilienkartoffeln. Natürlich bio, versteht sich von selbst. Und damit liegen sie voll im Viertel-Trend und sind schon ein beliebter Hotspot.

➜ RESIHUBER

Sendling | www.resihuber.bio | Di–Sa 11–23 Uhr | Resi-Huber-Platz 1 | Tel. 089 45 20 16 70

KÖSTLICH FLEISCHLOS

»Verantwortung und Respekt für Mensch, Tier und Natur haben für mich absolute Priorität«, sagt Chefin Sigrid Lutz. Entsprechend ihrer Lebensphilosophie serviert sie ausschließlich vegane, vegetarische und frische Speisen. Ob nun Reisspaghetti oder Hartweizennudeln, die hausgemachte Bolo köchelt mindestens vier Stunden und ist ein wahrer Genuss. Im Siggis wird mit Top-Geschmack voll gepunktet. Das ganze Ambiente ist sehr stimmig. Was durch das helle, historische Gewölbe noch weiter unterstrichen wird.

➜ SIGGIS

Altstadt-Lehel | siggis.jetzt | Mo–Fr 11–22, Sa/So 10–22 Uhr | Westenriederstr. 37 | Tel. 089 24 29 20 33

SE

IT'S A FAM

Nein, es sind keine
anders. Aber nicht
Spiegeleiern plus k
Varianten reichen v
gibt's die leckeren

➔ MR. PANCA

Maxvorstadt | mrp
Gabelsbergerstr. 3

Weltreise in München

AFRICAN BEAUTY

Haarverlängerung, Perücken, Haarteile, viele kleine Zöpfchen flechten lassen oder sich die Königsdisziplin der Rastas zwirbeln lassen – die Dreadlocks! Im gemütlichen Laden gleich bei der Erlöserkirche sind viele Afrikaner Stammkunden oder Bleichgesichter, die sich auch mal die Haare schön machen lassen wollen.

➔ IMO HAIR

Schwabing-Freimann | www.imo-hair.de | Mo–Sa 10.30–18 Uhr | Leopoldstr. 96 | Tel. 0172 85 48 19 23

WELLNESS À LA 1001 NACHT

Schon die Osmanen wussten, wie wohltuend ein kleiner Abstecher ins türkische Dampfbad sein kann. Einfach wie in 1001 Nacht: orientales Flair und osmanisches Baderitual. Dabei lässt man sich von *tellak* oder *natir*, Bademeister und Badefrau, mit verschiedenen Massagen, wie der berühmten Seifenschaummassage, und Wassergüssen verwöhnen. Nach Ruhe- und Genussphasen fühlt man sich wie neugeboren.

➔ HAMAM ANATOLIA

Obergiesing | www.hamamanatolia.de | tgl. 10.30–22 Uhr | Wirthstr. 1 | Tel. 089 38 90 58 58

BLÄTTER UND WASSER

In Japan, dem Land der aufgehenden Sonne, wird Tee nicht einfach getrunken, der Genuss wird regelrecht zelebriert. Da kommen selbst die Briten nicht mit. Die hohe Kunst der Urasenke, einer alten Kyotoer Teeschule lässt sich einmal monatlich im Englischen Garten erleben und genießen. Großmeister Dr. Soshitsu Sen stiftete hierfür 1972 das Teehaus Kanshoan.

➔ JAPANISCHES TEEHAUS

Altstadt-Lehel | www.urasenke-muenchen.de | 1x monatl. Sa/So | Eingang Englischer Garten/Haus der Kunst | Tel. 089 22 43 19

ABSOLUT PROMILLEFREI

Schon gewusst? Max von Pettenkofer, Namensgeber des veganen Restaurants, war Vorsitzender des Vereins gegen den Missbrauch geistiger Getränke. Grund genug, keinen Alkohol auszuschenken. Bier und Wein gibt es nur ohne Promille. Ist ja auch irgendwie gesünder … Positiver Nebeneffekt: die Speisen wie der Ayurveda-Teller oder das Thai-Curry kitzeln den Gaumen noch mehr. Ein Blick auf die Homepage weckt die Vorfreude auf INSIDER TIPP Specials wie Buddha Weeks oder French Haute Cuisine.

MAX PETT

Ludwigsvorstadt | www.max-pett.de | Mo–Fr 11.30–23, Sa/So 10–23 Uhr | Pettenkoferstr. 8 | Tel. 089 55 86 91 19

DER VORREITER

Wer bisher diesen Hort der hohen vegetarischen und veganen Kochkunst noch nicht kennt, dem ist wirklich etwas entgangen. Selbst die internationale Presse überschlägt sich regelmäßig mit Kommentaren. Die kulinarische Reise führt über den Fernen Osten nach Indien und Italien. Eine persönliche Empfehlung: das Kartoffel-Zucchini-Trüffelgratin. Ach ja, wem nach etwas Süßem ist, der sollte sich an die hausgemachten Kuchen und Desserts halten.

PRINZ MYSHKIN/ PRINZ MYSHKIN GARDEN

Altstadt-Lehel | www.prinzmyshkin.com | tgl. 11–1 Uhr | Hackenstr. 2 | Tel. 089 26 55 96
Obermenzing | www.prinzmyshkin-garden.com | Frühstück: Mo–Sa 6.30–10, So/Fei 7–11, Restaurant: tgl. 12–22 Uhr | Menzinger Str. 103 | Tel. 089 8 11 10 01

KÖSTLICH FLEISCHLOS

»Verantwortung und Respekt für Mensch, Tier und Natur haben für mich absolute Priorität«, sagt Chefin Sigrid Lutz. Entsprechend ihrer Lebensphilosophie serviert sie ausschließlich vegane, vegetarische und frische Speisen. Ob nun Reisspaghetti oder Hartweizennudeln, die hausgemachte Bolo köchelt mindestens vier Stunden und ist ein wahrer Genuss. Im Siggis wird mit Top-Geschmack voll gepunktet. Das ganze Ambiente ist sehr stimmig. Was durch das helle, historische Gewölbe noch weiter unterstrichen wird.

SIGGIS

Altstadt-Lehel | siggis.jetzt | Mo–Fr 11–22, Sa/So 10–22 Uhr | Westenriederstr. 37 | Tel. 089 24 29 20 33

JA MEI, DIE RESI

Die Jungs und Mädels vom VollCorner schwimmen ja schon seit den Achtzigern auf der Bio-Welle und zählen zu den Top-Adressen Münchens, wenn es um gesunde, nachhaltige Lebensmittel geht. Mit der »Resi« starten sie ihr erstes richtiges Gastro-Konzept. Auf der Karte stehen Leckereien wie Kräuterrisotto mit krossem Coppa di Parma und Parmesanspähnen oder Spargel, Hühnerbrust mit Kräutern und Lardo, Corbiolo-Olivenöl und Petersilienkartoffeln. Natürlich bio, versteht sich von selbst. Und damit liegen sie voll im Viertel-Trend und sind schon ein beliebter Hotspot.

RESIHUBER

Sendling | www.resihuber.bio | Di–Sa 11–23 Uhr | Resi-Huber-Platz 1 | Tel. 089 45 20 16 70

SEELEN-FUTTER

Ganz viel Trost mit Schokoguss

DER KUCHEN-THERAPEUT

Ist draußen mal wieder Weltuntergangsstimmung, die Prüfung den Bach runtergegangen oder die Kollegin nervig, ein Stück Schneller-Kuchen hilft schnell. Zur Not einfach zwei oder drei essen. Der Familienbetrieb ist seit Generationen heißgeliebt. Dazu beigetragen hat eben auch die Konditorei, deren kleine Kalorienbomben einfach zu gut sind.

➔ CAFÉ SCHNELLER

Maxvorstadt | Mo–Fr 9–19, Sa 9–17 Uhr | Amalienstr. 59 | Tel. 089 28 11 24

IT'S A FAMILY BUSINESS

Nein, es sind keine Pfannkuchen, es sind Pancakes. Geschmacklich und überhaupt ganz anders. Aber nicht minder lecker. Den US-Klassiker mit Ahornsirup gibt's zum Frühstück samt Spiegeleiern plus knusprigem Speck. Erwärmt den Magen, aber auch Herz und Seele. Die Varianten reichen von Russland über Island und den USA bis nach Bayern. Tipp: seit Juni 2019 gibt's die leckeren US-Pfannkuchen auch in der Baaderstr. 12.

➔ MR. PANCAKE

Maxvorstadt | mrpancakenews.wordpress.com | Mo–Fr 8–16, Sa/So 9–17Uhr | Gabelsbergerstr. 34 | Tel. 089 89 05 90 57

FLAUSCHI-FLUFFI-WAFFELN

Manchmal packt einen die Sehnsucht nach der guten alten Zeit. Als man bei Omi auf der Hollywoodschaukel saß und sie ihre unglaublich leckeren Waffeln kredenzte. Wie früher – so ist die Friesische Teestube am Pündter Platz eine Rettungsinsel für Nostalgiker, die es einem ganz warm ums Herzerl macht. Wirt Ossi brüht INSIDER TIPP über 120 Sorten Tee, dazu selbst gemachten, göttlichen Kuchen und die flauschig-fluffigsten Waffeln in ganz Schwabing. Und das in urgemütlichem Ambiente. Kuscheliger geht nicht.

➔ FRIESISCHE TEESTUBE

Schwabing-West | www.friesische-teestube.de | tgl. 10–22 Uhr | Pündter Platz 2 | Tel. 089 34 85 19

Für Testesser

Im Mongo's wandert frisch Gebrutzeltes auf den Teller, so viel und so oft man will

SÜSSE KINDHEITSERINNERUNGEN

Ob jung oder alt, eine ganz bestimmte Nuss-Nougat-Creme hat schon so manche Frustwolke vertrieben. Einfach mit dem Finger durch die Creme, abgeschleckt und schon scheint die Sonne wieder. Die volle Drohnung bietet die Eataly-Markhalle, in der sich das Nutella Café niedergelassen hat. Süße Kuchen, Crêpes und frisches Krustenbrot samt Aufstrich helfen raus aus jedem Stimmungstief.

➔ NUTELLA CAFÉ

Altstadt-Lehel | www.eataly.net/de_de/geschaefte/muenchen | Markt: Mo–Sa 10–20, Café: Mo–Sa ab 8, So ab 10 Uhr | Viktualienmarkt 15 | Tel. 089 248 81 77 11

EISKALTE VERFÜHRUNG

SOS. Herzschmerz? Die Welt ist schlecht? Der Venezia-Patron Seniore Moretto weiß, was der bayerischen Seele gut tut und bleibt dabei seiner italienischen Eiskunst treu, heißt es doch nicht umsonst, München wäre Italiens nördlichste Stadt. Und Eisbecher wie ›Ovi-Schok‹ oder die Spezialität des Hauses ›Veneziana‹ sind gute Gegenmittel gegen viele Übel.

➔ EISCAFÉ VENEZIA

Neuhausen | www.eiscafe-venezia-muenchen.de | tgl. 8–24 Uhr | Rotkreuzplatz 8 | Tel. 089 13 20 04

CRÊPES-SCHWARZFAHRER

Achtung! Nächster Halt Postpalast! Wieder zu spät? Keine Angst, diese Trambahn fährt nicht weg. Denn die Wagen Nr. 28 und Nr. 29 haben feste Standplätze und dienen nur einem Zweck: der Verbreitung köstlicher, hauchdünner Crêpes. Ob süß oder herzhaft, ob Schoko-Amarena oder Scharfer Mexikaner, diese Haltestellen sorgen für reichlich Nervenfutter.

➔ TRAM CAFÉ

Isarvorstadt | www.tramcafe.de | tgl. 11–22 Uhr, Müllerstr. 46 | Zentrale Tel. 089 92 13 73 86

Moin, moin
Die Friesische Teestube lieben nicht nur Norddeutsche im Exil

Dumm gelaufen

Pannendienst – gleich nebenan

TOTALE EBBE AN DER BAR

Die Party im vollen Gange, die Stimmung auf dem Höhepunkt und dann wird der Notstand an der Getränkefront gemeldet. Panik! Jetzt hilft 0800-Alkoport-Mobil. Bier und Spirituosen, ja selbst Zigaretten und Snacks liefert der Service. Übrigens schon seit 2003 erfolgreich im Einsatz.

➔ **0800-ALKOPORT**

Lieferzeiten: Mo–Do 20.30–1, Fr/Sa 20.30–3 Uhr | www.alkoport.de | Tel. 089 31 69 99 66

BESUCH DA, KUCHEN VERBRANNT!

Ganz einfach: Zum Hörer greifen, bei Kuchentratsch anrufen und kurz darauf stehen Zupf- und Käsekuchen oder Schokotorte als wär nichts gewesen zum Verzehr bereit. 20 Seniorinnen und Senioren verwandeln die Backstube in ein Schlaraffenland. Die Idee dazu hatten zwei junge Münchnerinnen. Geliefert wird von foodora.de und per Post, so klappt's auch am Wochenende.

➔ KUCHENTRATSCH

Schwanthalerhöhe | www.kuchentratsch.com | Mo–Fr 9–18 Uhr | Landsbergerstr. 59 | Tel. 089 45 20 71 14

DRAHTESEL VÖLLIG PLATT

Die Sonne scheint, der Picknickkorb ist gepackt, nur der blöde Drahtesel will nicht so wie man will. Loch im Schlauch? Kette kaputt? Kein Problem, in absoluten Notfällen kommen die Radldoktoren von Doctor Bike auch kurzfristig vorbei. In der Regel gilt aber, Termin vorher vereinbaren und schwupp kommt die mobile Praxis zu einem nach Hause. Neben den Reparaturkosten wird noch eine Anfahrtspauschale von 25 Euro fällig. Im schlimmsten Fall hilft der Doc auch mit einem Leihradl.

➔ DOCTOR BIKE

doctorbike.de | Tel. 089 2 71 81 43

ÜBERRASCHUNGS-PARTY

Der letzte Knopf will einfach nicht zugehen! Aber letztes Jahr hat doch alles noch gepasst! Goodbye, Schwarz-Weiß-Ball, nichts wird's mit dem Rendezvous. Tief durchatmen, alles wird gut, bei Kostüme Breuer gibt's auch Smokings, Cutaways und Anzüge zum Verleih (ab 95 Euro). Damit ist die Ballnacht genauso gerettet wie die Hochzeit.

➔ KOSTÜME BREUER

Schwabing-West | www.kostuemverleih.com | Mo–Fr 10–19, Sa 10–14 Uhr | Hohenzollernstr. 22a | Tel. 089 33 87 72

STEAK & OCHSENFETZEN PER APP

Was, morgen scheint die Sonne? Bestes Grillwetter und im Kühlschrank finden sich weder Würstl noch Steaks. Einkaufen ist auch nicht möglich. Dann Jäger & Sammler anfunken, online oder per App, schon bereiten Metzgermeister Florian Stocker und Lars Tinapp das Bio-Grillgut zu. Die Jungs sind 365 Tage im Einsatz.

➔ JÄGER & SAMMLER

Lieferzeiten: Mo–Fr 18–21, Sa/So 11–14 Uhr | www.jägerundsammler.de

SCHNELLER SNACK

Heißhunger? Auf zum Gegenangriff!

ES GEHT UM DIE ...

Alles wurscht, von wegen! Ob Nürnberger, Brat- oder Currywurst, Käsekrainer oder Feuerwurst, auf dem Grill werden alle Varianten mit viel Liebe gebrutzelt. Es gibt sogar Leute, die behaupten, ihre Currywurst wäre die beste Schwabings. Und im Trend: eine fleischlose Currywurst. Absolut top: ihr kleiner, verwunschener Biergarten. Bei Sonnenschein macht da der Würstlgenuss gleich noch mehr Spaß.

➔ ALLES WURSCHT

Schwabing-Freimann | www.alles-wurscht.com | März–Okt. Mo–Fr 11–20/21/22 Uhr, Sa/So s. Ankündigung auf Facebook, Winter: Nov.–Anfang März Mo–Fr 11–15/16 Uhr | Nikolaiplatz 3 | Tel. 089 34 07 74 43

BAYERISCHES SCHWEIN TRIFFT KOREA

Der Alltag kann schon ganz schön hart sein im Univiertel zwischen all den Vorlesungen, Rechtsanwaltskanzleien und Shops. Da kann es auch mal spät werden. Heißhunger? Hier der ultimative Stabilisierungstipp, auch bestens als Katerfrühstück geeignet. Nichts ist besser als koreanischer Schweinebauch – Metzgerei Magg Chiemgau – mit Reis und scharfem Krautsalat. Das öffnet die Poren und lässt den Körper wieder durchatmen.

➔ ZUM KOREANER

Maxvorstadt | www.zum-koreaner.de/amalien.html | Mo–Fr 9–22, Sa/So 11–22 Uhr | Amalienstr. 51 | Tel. 089 28 31 15

MEXIKO IM ORIGINAL

Was dem Türken sein Dürüm Döner ist, ist dem Mexikaner sein Burrito oder Quesadilla. Die hauchdünnen Weizenfladen werden dabei mit allerlei Würzigem gefüllt wie pikant geröstetes Schweinefleisch mit Grüne-Tomaten-Salsa. Oder doch lieber gegrillte Hühnchenbrust mit einem Mix aus Kürbiskernen, Erdnüssen und mexikanischen Gewürzen. Wie auch immer, Speedy Gonzales und Zapata wären stolz auf die Taquerias in München.

➔ LA TAQUERIA MILAGROS

Altstadt-Lehel | www.taqueria.de | tgl. 11–22 Uhr | Zweibrückenstr. 9 | Tel. 089 55 27 67 87

Von der Rolle

La Taqueria Milagros: Hier sind die Experten für gefüllte Teigfladen

DEN RATSCH GIBT'S EXTRA.

»Wanderer, kommst du an ferne Orte, verkündige dorten, du habest Würstl liegen gesehn, alle von feinster Herkunft und soweit das Auge reichte.« Pfälzer, Wiener, Weiß- und Stockwürste, alles frisch gebrüht und schnell verkauft, so lieben es die beiden Würstl-Königinnen am Viktualienmarkt. INSIDER TIPP Eine der besten Würstlbuden weit und breit.

➔ TELSCHICK'S WURSTSTANDL

Altstadt-Lehel | Di–Fr 9–18, Sa 8–15 Uhr | Viktualienmarkt 3/ Stand 17 34, Abteilung III | Tel. 089 26 52 62

SATTES SANDWICH

Auf die Schnelle ein Stangerl? Satt gefüllt mit Vitaminen und Bio-Ochsenfetzen oder Asia-Ziegenfrischkäse? Dann führt kein Weg am Schickfus vorbei. Bio, vegan, vegetarisch, und überhaupt, diese köstlichen warmen Sandwiches (6–7,50 Euro) sind immer eine Sünde wert. Noch dazu, wenn es mittags zwischen 11–14 Uhr passiert. Dann gibt's zum reichlich belegten Körnerstangerl noch eine Suppe oder Salat plus Getränke als Combo dazu (plus 3,50 Euro).

➔ SCHICKFUS

Altstadt-Lehel | www.schickfus.org | Mo–Fr 10–18 Uhr | Blumenstr. 1/ Eingang Frauenstr. | Tel. 089 20 20 78 87

DA SPRÜHEN DIE FUNKEN

Vorsicht am Altstadtring, da ist doch glatt ein mexikanischer Food-Komet eingeschlagen. Wobei der Name Cometa eigentlich für Contemporay Mexican Taqueria steht. Also nix mit Tex-Mex, sondern es gibt die »heilige mexikanische Trilogie«. Und das sind: Mais, Bohnen und Chili. Im klassischen Streetfood-Style verpackt in Tacos, Burritos oder Quesadillas.

➔ COMETA

Altstadt | www.cometamexico.com | Mo–Do 11.30–21, Fr 11.30–22, Sa 12–22 Uhr | Karlsplatz 3 | Tel. 089 59 99 28 85

LOKALE LOKALE

WAHRE MÜNCHNER BRAUKUNST

»Setz´di hera, samma mehra!« So läuft´s in der Bierhalle in der Augustiner Bräustuben – an großen Tischen und Bänken wird so lang zammgruckt, bis jeder Platz besetzt ist. In den heiligen Hallen der ältesten Brauerei Münchens gibt es Bayerisch *at it´s best*, die Schweinsbratenkruste ist so rösch, so bekommt man sie woanders kaum. Sommer-Schmankerl: Auf der Dachterrasse sitzt es sich gmiatlich-friedlich!

➔ AUGUSTINER BRÄUSTUBEN

Schwanthalerhöhe | www.braeustuben.de | tgl. 10–24 Uhr | Landsberger Str. 19 | Tel. 089 50 70 47

DER HEILIGE BERG RUFT

Wer den Nockherberg erklimmt, der weiß seit jeher, dass da droben – der Höhenunterschied beträgt sagenhafte 50 Meter! – zur Starkbierzeit das heilige Bier, der Salvator, ausgeschenkt wird. Aufgepasst! Ausschließlich hausgebrautes Bier wie das Nockherberger fließt hier in Strömen aus den Schänken. Verantwortlich hierfür: Braumeister Uli Schindler. Das dem neuen Nockherberg mit Florian Lechner und Christian Schottenhamel zwei Vollblutwirte voranstehen, ist ein ganz großes Plus. Kein Wunder also, dass die Massen wieder hoch auf den Berg strömen. Kulinarisch ganz weit vorne dabei! INSIDER TIPP Brauereiführungen samt Verkostung (ab 10 Pers.) der hausgebrauten Hopfensäfte.

➔ PAULANER AM NOCKHERBERG

Au-Haidhausen | www.paulaner-nockherberg.com | tgl. 11–24 Uhr | Hochstr. 77 | Tel. 089 4 59 91 30

MEHR ALS NUR EIN WIRTSHAUS

Beppi Bachmaier und sein Fraunhofer sind Kult! Da wird geratscht, philosophiert, gestritten, umeinander geschaut, geflirtet, studiert, gesungen und musiziert und selbstverständlich auch gegessen. Alles dampft noch so richtig, wenn's durch die historische Küchenanreiche herausgegeben wird. Die gute Hausmannskost wissen nicht nur die zahlreichen Stammgäste sehr zu schätzen. Und satt geworden ist noch ein jeder hier.

➔ FRAUNHOFER WIRTSHAUS

Isarvorstadt | www.fraunhofertheater.de | Mo–Fr 16.30–1, Sa 11–1, So 10–1 Uhr | Fraunhoferstr. 9 | Tel. 089 26 64 60

Kultig
Fraunhofer Wirtshaus: Treffpunkt seit mehr als 200 Jahren

DAHOAM IS DAHOAM

Mit dem Schiller Bräu kehrt ein Stück Bayern ins Bahnhofsviertel zurück. Das Sagen haben mit Kristina Höfler und Ninja Höfler, zwei leidenschaftliche Wirtinnen, die sich mit Julian Lindner zudem einen jungen Braumeister an die Seite geholt haben. Zum frisch gebrauten Hopfensaft lassen die Damen bayerische Klassiker auffahren. **INSIDER TIPP** Brauereiführung mit Biertasting ab 10 Euro.

➔ SCHILLERBRÄU

Ludwigsvorstadt | www.schiller-braeu.de | Mo–Sa 16–24 Uhr | Schillerstr. 23 | Tel. 089 89 05 84 820

FRISCH GEZAPFT

Ist das Augustiner-Holzfass erst einmal angestochen, kennt der Durst bei manch einem Gast kein Ende. Es schmeckt halt, so ein frisches »August«. Die Eckwirtschaft hat so viele Fans, dass es platztechnisch schon einmal zu Engpässen kommen kann. Es lohnt sich aber zu warten. Für den kleinen wie großen Hunger gibt's reichlich Futter: den traditionell abgebräunten Leberkas mit Spiegelei und Kartoffelsalat für gerade 7,80 Euro; und der ofenfrische Schweinsbraten für 10,90 Euro samt Knödel bestens.

➔ GASTHAUS ISARTHOR

Altstadt-Lehel | www.gasthaus-isarthor.de | tgl. 10–1 Uhr | Kanalstr. 2 | Tel. 089 22 77 53

Skat-runde

Gasthaus Isarthor ist Trumpf

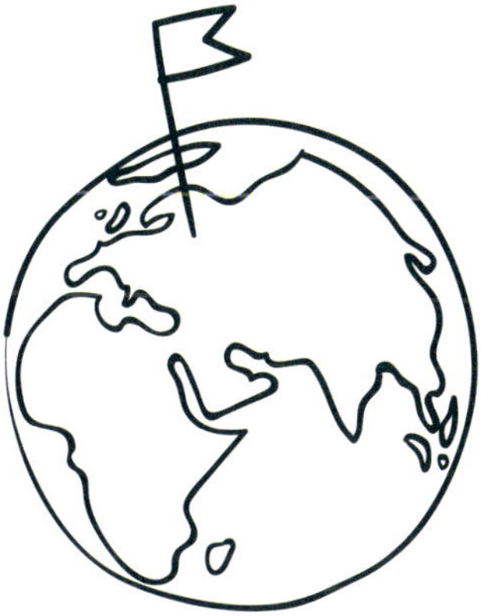

ALLES FRISCH

Die Giesinger Biermanufaktur hat sich gemausert. Im der Brauerei angeschlossenen Bräustüberl weht ein alternativ-bayerischer Wind, der authentischer ist als in jedem anderen altgedienten Bierlokal. Davon zeugen auch die »Bayerischen Austern« (Stierhoden-Ragout) oder das bierige Kalbslüngerl. Das Essen gutbürgerlich, das Bier perfekt und dazu Musikanten, die mit der Quetschen und Gitarre von Tisch zu Tisch ziehen. Mehr Zünftigkeit ist nicht möglich. Gilt ebenso für die craftig-kulturelle Schänke.

➔ GIESINGER BRÄU

Untergiesing | www.giesinger-braeu.de | Mo–Do 11–23, Fr 11–24, Sa 10–24, So 10–22 Uhr | Martin-Luther-Str. 2 | Tel. 089 55 06 21 84

WIE IM MÄRCHEN

Fleiß zahlt sich aus, dass wissen alle nicht erst seit den Märchen. Frau Holle hat Julia Schneider, Petra Mirwald und Karin Stüwe reich beschenkt mit Können, Geschmack, Herzlichkeit und einer guten Portion Selbstvertrauen. Ihr Essen: eine Sensation und zugleich eine kulinarische Reise von Bayern über die Alpen bis nach Italien. Stellvertretend hierfür: die Terrine vom niederbayerischen Wasserbüffel mit roh mariniertem weißem Schrobenhausener Spargel oder das Risotto mit jungen Brennesseln, Brennesselpesto und Pinienkernen.

➔ GOLDMARIE

Isarvorstadt | www.goldmarie-muenchen.de | Di–Fr 12–15, 18–24, Sa 18–24 Uhr | Schmellerstr. 23 | Tel. 089 51 66 92 72

FRISCHER, JÜNGER, LEBENDIGER

Eine Viertelwirtschaft durch und durch. Da kann man Dirk Zeilmann und seiner Crew nur gratulieren. Die Schwalbe ist wieder in aller Munde. Kulinarisch sowieso, dank der bodenständigen Küche. Dafür stehen die vorzügliche Kartoffelsuppe mit Wirsing und Speck genauso wie das sehr schmackhafte Kalbsgulasch samt gebackenem Serviettenknödel. Das Ambiente mit historischer Kegelbahn ist sowieso top, hinzu kommt der Retro-Charme eines der INSIDER TIPP letzten Münchner Hinterhof-Wirtsgärten.

➔ ZUR SCHWALBE

Schwanthalerhöhe | www.zurschwalbe.com | So–Fr 11.30–24, Sa 17.30–24 Uhr | Schwanthalerstr. 149 | Tel. 089 23 02 14 47

TRADITION MEETS MODERNE

Die Portenlängers sind keine Unbekannten. Immerhin betreibt ihre Familie seit 1919 den sehr geschätzten Alten Wirt in Grünwald. Die jüngsten Sprösslinge – Jakob, Resi und Xaver – rocken nun ihr erstes gemeinsames Wirtshaus. Zwar fühlen sie sich der altbayerischen Küche verpflichtet, aber was spricht dagegen, diese etwas aufzupeppen und moderner zu interpretieren? Nichts. Drum findet sich auch ein Sous Vide gegartes Skreifilet mit Erbsenpüree auf der Speisekarte wieder. Das süffige Augustiner, Helles wie Dunkles, kommt direkt vom Holzfass (3,70 Euro). Also die Maß für unglaubliche 7,40 Euro. Na dann, wohl bekommt's!

➔ XAVER'S

Isarvorstadt | www.xaver-s.de | tgl. 10–23 Uhr | Rumfordstr. 35 | Tel. 0157 71 49 03 13

ECHT EXOTISCH

Sieht komisch aus, schmeckt aber super

BESTECKFREIE ZONE

Gleich mal eins vorweg, im Omo ist es durchaus erwünscht, mit den Fingern zu essen. Das gehört zur äthiopischen Esskultur. Wobei man natürlich das Injera, ein Fladenbrot aus Sauerteig, zur Hilfe nehmen kann. Damit lässt sich das Doro Wot beAyib, geschmorte Hähnchenschenkel in pikanter Soße, genauso leicht genießen wie das feurige Yebeg-Key-Tibs, gebratenes Lammfleisch mit Zwiebeln und Paprika.

➔ CAFÉ OMO

Isarvorstadt | www.cafe-omo.de | Di–Sa 17.30–23, So 17.30–22 Uhr | Zenettistr. 25 | Tel. 089 17 92 92 83

HAWAIIANISCHE FEUER

Es steht geschrieben: »Maui war ein Halbgott, der besonders für seine Heldentaten und Raffinesse bewundert wurde.« Letzteres gilt auch für die hawaiianische Küche. Dazu zählen unter anderem die Poké Bowls. Diese leichten, farbenfrohen Speisen mit reichlich Gemüse und etwas Reis werden stets in kleinen Schüsseln serviert. Verfeinert wird das Ganze mit BBQ-Chicken, Rind oder Fisch. **INSIDERTIPP** Ono BBQ. Das Gegenstück zum Heißen Stein. Knapp die Hälfte der Tische sind mit Mini-Grills ausgestattet. Darauf lässt es sich vorzüglich brutzeln.

➔ MAUI

Neuhausen | www.maui-restaurant.de | Di–Fr 11.30–14.30, 18–23, Sa/So 18–23 Uhr | Nymphenburgerstr. 151 | Tel. 089 18 92 31 88

MAHARADSCHAS NEXT GENERATION

Das Schlachthofviertel ist eine recht kunterbunte Ecke. Nun hat sich ein kulinarischer Farbtupfer dazu gesellt, der seine Gäste in die Welt der Currys entführt. Kein typischer Inder, nein, bitte genau hinschauen! Von außen ist das Indian Sun unscheinbar, innen Modern Indian Style: jung, frisch, schlicht. Achtung! Toilettenfrei-Zone. Die Sitzplätze sind rar im India-Bistro. Tut dem Genussfaktor aber keinen Abbruch. Öffnen die Chefs ihre kunstvoll verzierten Kupfertöpfe, duftet es herrlich nach fein abgeschmeckten Currys wie Channa Masala, Butter Chicken oder Lamm Bhuna.

➔ INDIAN SUN

Isarvorstadt | facebook: indiansunmuenchen | Mo–Fr 11.30–15, 17.30–20 Uhr, Sa 12–18 Uhr | Tumblingerstr. 24

ALLES FISCH ODER WAS?

Ceviche ist das traditionelle peruanische Fischgericht. Es waren kleine Imbisse und Foodtrucks, die dafür sorgten, dass es schnell in aller Munde war. Von New York bis Paris, von Lima bis München, so simpel die Zubereitung, so unglaublich aromatisch der Genuss. Die Basis des Ceviche bildet rohes, gewürfeltes Fischfilet. Welches wie vor Jahrhunderten mit Limettensaft mariniert wird. Dieser Garprozess diente nicht nur dem Geschmack, sondern auch der Haltbarkeit. Versehen mit Ingwer, Staudensellerie, Kräutern und Beilagen wie Süßkartoffelpüree oder Canchita (frittierte Maiskörner) erweist sich das Ceviche als rundum gesunde Mahlzeit.

➔ CEVICHERIA PEZ

Schwabing-Freimann | www.cevicheria-pez.de | Mo, Mi–Fr 12–14.30, 18–23, Sa/So 17–2 Uhr | Occamstr. 26 | Tel. 089 82 96 96 52

SAMBA-SCHMANKERLN AN DER ISAR

Münchens einziger Brasilianer ist gleich in doppelter Hinsicht einen Besuch wert. Zum einen wäre da die große Auswahl an über 50 verschiedenen, handgebrannten Cachacas, der hochprozentigen Spezialität Brasiliens, die es mittlerweile auch als 16-jährige Edelspirituose gibt. Und zum anderen allerlei Kulinarisches wie Coxinha oder Bolino de Bacalhau, das aus der Küche aufgefahren wird.

➔ VER-O-PESO

Haidhausen | www.veropesobar.de | Di–Sa ab 18 Uhr | Rosenheimerstr. 14 | Tel. 089 44 49 97 99

Für Testesser

Im Mongo's wandert frisch Gebrutzeltes auf den Teller, so viel und so oft man will

BEREIT FÜR EINE GENUSS-SAFARI?

Dann nichts wie ran an den »Braai«. Auf diese Art wird hauptsächlich in Namibia und Südafrika gegrillt. Und im Savanna darf man ihr frönen. Da springt schon mal das Impala- oder Zebra-Steak auf den Teller. Krokodil gehört ebenfalls zum alltäglichen Speiseplan. Zu exotisch? Dann vielleicht doch lieber den Ostrich-Burger. Das saftige Fleisch liefert in diesem Fall Vogel Strauß. Alternativ geht auch das klassische namibische Rinderfilet.

➔ SAVANNA

Isarvorstadt | www.savanna-munich.com | Di–So 17–24 Uhr | Maistr. 63 | Tel. 089 53 90 63 63

AUF DEN SPUREN DES YETI

Ein farbenfroher Tempel, dieses Himalayan Food House. Da fehlen selbst die tibetanischen Gebetsfahnen nicht, die man aus den Bergsteiger-Dokus kennt. Wer Lust verspürt, den Himalaya geschmacklich erklimmen zu wollen, der sollte *Momos* (gefüllte Teigtaschen, in Wasserdampf gegart oder gebraten) oder *Thukpa*, den Nudelsuppen-Eintopf der Sherpas, probieren. Na dann, *namaste!*

➔ YAK & YETI

Neuhausen | yakandyeti.de | Di–So 11.30–14.30, 17.30–23.30 Uhr | Blücherstr. 1 | Tel. 089 16 78 58 38

MONGOLEN-FEUER

Schon mal Känguru oder Krokodil gegessen? Hier gilt das Straußensteak schon als normal. Exotischer als im Mongos geht es wohl nicht! Ein Blick auf den Mongos-Food-Market verspricht einen ganz neuen BBQ-Gaumenkitzel. Ein kulinarisches Abenteuer mit reichlich Zukunftsvision: der Insektenteller mit Whisky-BBQ-Dip oder das Insekten Triple samt Buffalo-Würmern, Grillen und Heuschrecken. Alles natürlich frittiert.

➔ MONGO'S

Altstadt-Lehel | www.mongos.de/de/restaurant/muenchen.php | Mo–Do 17–24, Fr/Sa 17–1, So 11.30–16, 17–24 Uhr | Oberanger 28 | Tel. 089 23 22 58 00

POLYNESISCHER ZAUBER

Auf großer Fahrt wie einst James Cook, der Entdecker der Südsee, fühlt man sich spätestens nach dem zweiten Menehune. Diese Cocktail-Spezialität, gewidmet den polynesischen Wichtelmännern und -frauen, ist eine optimale Begleitung für all die Köstlichkeiten vom chinesischen Ofen, der für sich schon ein absoluter Hingucker ist. Die hawaiianische Spezialität, das *Barbecued Suckling Pig*, gibt es leider erst ab 14 Personen, aber es ist der Südsee-Hochgenuss. Die Alternative: *Roasted Peking Duck Trader Vic's style.*

➔ TRADER VICS

€€€ | Altstadt-Lehel | www.bayerischerhof.de | tgl. 18–24 Uhr | Promenadeplatz 2–6 | Tel. 089 2 12 09 95

Weltreise in München

AFRICAN BEAUTY

Haarverlängerung, Perücken, Haarteile, viele kleine Zöpfchen flechten lassen oder sich die Königsdisziplin der Rastas zwirbeln lassen – die Dreadlocks! Im gemütlichen Laden gleich bei der Erlöserkirche sind viele Afrikaner Stammkunden oder Bleichgesichter, die sich auch mal die Haare schön machen lassen wollen.

IMO HAIR

Schwabing-Freimann | www.imo-hair.de | Mo–Sa 10.30–18 Uhr | Leopoldstr. 96 | Tel. 0172 85 48 19 23

WELLNESS À LA 1001 NACHT

Schon die Osmanen wussten, wie wohltuend ein kleiner Abstecher ins türkische Dampfbad sein kann. Einfach wie in 1001 Nacht: orientales Flair und osmanisches Baderitual. Dabei lässt man sich von *tellak* oder *natir*, Bademeister und Badefrau, mit verschiedenen Massagen, wie der berühmten Seifenschaummassage, und Wassergüssen verwöhnen. Nach Ruhe- und Genussphasen fühlt man sich wie neugeboren.

HAMAM ANATOLIA

Obergiesing | www.hamamanatolia.de | tgl. 10.30–22 Uhr | Wirthstr. 1 | Tel. 089 38 90 58 58

BLÄTTER UND WASSER

In Japan, dem Land der aufgehenden Sonne, wird Tee nicht einfach getrunken, der Genuss wird regelrecht zelebriert. Da kommen selbst die Briten nicht mit. Die hohe Kunst der Urasenke, einer alten Kyotoer Teeschule lässt sich einmal monatlich im Englischen Garten erleben und genießen. Großmeister Dr. Soshitsu Sen stiftete hierfür 1972 das Teehaus Kanshoan.

JAPANISCHES TEEHAUS

Altstadt-Lehel | www.urasenke-muenchen.de | 1x monatl. Sa/So | Eingang Englischer Garten/Haus der Kunst | Tel. 089 22 43 19

Wenn das kleine Fernweh kommt

BOLLYWOOD LÄSST GRÜSSEN

Ach, am Bildschirm sieht alles so einfach aus. Tänzerinnen in bunten Gewändern wirbeln durch die Kulisse und Shah Rukh Khan singt schmachtvolle Lieder. Harte Realität: Ohne ein hohes Maß an körperlicher Fitness und Beweglichkeit kann man Bollywood vergessen. Doch dank Lehrerin Chandra Devi kein Problem. Zusammen mit Bharata Natyam betreibt sie das Zentrum für indischen Tanz und Kultur.

➔ NATYADHARA

Obergiesing | www.natyadhara.de | Termine s. Kursplan | Kühbachstr. 9 | Tel. 0179 1 27 40 26

SAWASDEE KA!

Willkommen in Thailand! Und zwar so richtig. Man möchte Augen, Nase und Ohren kaum trauen, sobald man den von außen nicht sehr attraktiven Eingang in der Schraudolphstraße hinter sich gelassen hat: exotische Düfte, liebreizende asiatische Klänge und alles puschelig-kuschelig eingerichtet. Der sanfte Singsang der thailändischen Masseure zur Begrüßung entspannt bereits im Voraus, die Profi-Massagen zu durchaus erschwinglichen Preisen erst recht.

➔ SIAM ORCHID MASSAGE

Maxvorstadt | www.siamorchid.de | Mo–Sa 9.30–21 Uhr | Studio 1: Adalbertstr. 45 Studio 2: Schraudolphstr. 24 | Tel. 089 33 09 94 60

MEHR ALS NUR ESSEN!

SCHAU-PLÄTZE

Sitzen, essen, Leute gucken

FESTSPIELE AM SEE

Die Plätze direkt am Kleinhesseloher See sind echte Mangelware. Doch auch diesseits des Wassers gibt's einiges zu schauen, da die Promidichte zuweilen sehr hoch ist. Und wenn sommers die »Bar am See« (www.baramseehaus.de) sich im Biergarten einrichtet, dann erst recht. Macher sind die Jungs von der 089 Bar & Lounge.

➔ SEEHAUS BIERGARTEN

Schwabing-Freimann | kuffler-gastronomie.de | tgl. 10–23, Bar: Fr/Sa bis 1 Uhr | Kleinhesselohe 3 | Tel. 089 3 81 61 30

FUSION-LOGGIA AN DER OPER

Dolce Vita an der Piazza. Ein Flair wie im Sommerurlaub in Italien! Bei lauen Temperaturen unter den Arkaden der Klenze-Loggia im Palais an der Oper zu sitzen, zu schauen, zu staunen und zu sinnieren – doch halt! Jetzt weht hier eine frische asiatische Brise und entführt in eine aromareiche Fusionküche, die bestens bekannt ist durch das Chi Thu, Cochinchina, Anh-Thu und Chuchin. Gratulation Familie Tran zu diesem Münchner Kleinod.

➔ ANO KI

Altstadt-Lehel | Öffnungszeiten standen zum Redaktionsschluss noch nicht fest | Hofgraben 9 | Tel. 089 22 22 48 40

BROTZEIT INKLUSIVE SOCIAL SPOTTING

A feine G'schicht! Der Viktualienmarkt, der Gemüsegarten der Stadt, ein Schlaraffenland für Feinschmecker. Erst ein paar frische Leckereien einkaufen, dann in den Biergarten setzen, sich eine frische Maß holen (alle sechs Wochen wechselt das Münchner Bier) und Brotzeit machen. Nebenher kann man den Standlbetreibern wunderbar bei der Arbeit zusehen.

➔ VIKTUALIENMARKT

Altstadt-Lehel | www.biergarten-viktualienmarkt.com | Mo–Sa 9–22 Uhr, bei schönem Wetter auch sonntags | Viktualienmarkt 9 | Tel. 089 29 75 45

GROSSES THEATER

Was am Gärtnerplatz gut ankommt, ist ein zuverlässiges Trend-Barometer. Und da liegt der italienisch geprägte Feinkostladen mit integriertem Café ganz weit oben. Chef Stefano De Giglio steht mittags wie abends für High Quality. Und bloß nicht stressen. Darum wird hier auch locker bis 16 Uhr gefrühstückt. Optimal, um dem alltäglichen Großstadttheater vor Ort folgen zu können. Insider-Typ: Stefano ist ein wahrer Eisrebell. Seine eiskalte deutschlandweite Revolution: INSIDER TIPP der individuelle Eiskörper. Einfach genial. Muss man probiert haben.

➔ DEL FIORE

Isarvorstadt | delfiore-gaertnerplatz.de, delfiore.de (Eismanufaktur) | Mo–Fr 10–24, Sa/So 9.30–24 Uhr | Gärtnerplatz 1 | Tel. 089 2 02 16 49

PROMI-WATCHING

Altbekannt –, aber bekannte Gesichter gucken funktioniert hier immer noch super. Das Schumann's, die Münchner Kathedrale der Barkultur und des Roastbeefs mit Bratkartoffeln, steht bei Promis hoch im Kurs. Wer sich lieber auf die fantastischen Cocktails konzentrieren mag, geht in die erste Etage ins INSIDER TIPP Les Fleurs du Mal hinauf, versinkt im Teppich und erweitert an der langen Tafel den hochprozentigen Horizont.

➔ SCHUMANN'S

Maxvorstadt | www.schumanns.de | Mo–Fr 8–3, Sa/So 18–3 Uhr | Odeonsplatz 6–7 | Tel. 089 22 90 60

MIT GÖTTLICHEM ZUSPRUCH

Die hohe Kunst des Bierbrauens und die bayrische Kochkunst, eine fast unschlagbare Allianz. Während die Mönche vom Kloster Andechs ihr sehr malziges und hopfiges Bier liefern, lässt Stephanie Krätz groß aufkochen. Wirteunikum Sepp Krätz kann stolz auf seine Tochter sein. Denn sie führt die 20-Jährige Erfolgsgeschichte an neuem Dom-Standplatz fort. Der Papa, mittlerweile Wagyu-Experte und Züchter, liefert zudem erstklassiges Fleisch. Die legendären Arkaden, wo immer a bisserl was ging, sind Vergangenheit, doch auf der schönen neuen Terrasse dürfte nicht minder geflirtet werden.

➔ ANDECHSER AM DOM

Altstadt-Lehel | www.andechser-am-dom.de | So–Mi 10–24, Do–Sa 10–1 Uhr | Frauenplatz 7 | Tel. 089 24 29 29 20

Viel zu gucken

Ein echter Logenplatz, das Ano Ki

TOP-SERVICE

Die haben ihr Trinkgeld echt verdient!

PFUNDIGER ENTERTAINER

Der Roy im Roy heißt Günther. Er hat sich als singender Wirt einen Namen gemacht und war der männliche Part der Geschwister Pfundig. Beste Entertainment-Qualitäten sind also vorhanden. Und die spielt er auch täglich aus, verbunden mit viel Herz und alpinen Schmankerln für den Bauch aus der Küche. Tolle Idee für Verliebte: INSIDER TIPP das leckere Fondue for two mit Champagner-Empfang.

➔ ROY

Altstadt-Lehel | www.bar-roy.net | Di–Sa 18–4 Uhr | Herzog-Wilhelm-Str. 30 | Tel. 089 59 25 96

EIN HERZENSPROJEKT

»Jeder Mensch sehnt sich nach Anerkennung und will sagen können: Ich bin jemand! Ich kann was!«, so Katharina Inselkammer. Ihr integratives Deli, im neuen hippen Werksviertel, ist in der Tat ein Ort, wo besondere Menschen ein besonderes Konzept mit Leben und Liebe füllen. Es ist das Miteinander des Teams aus Mitarbeitern mit wie ohne Behinderung, was für einen ganz besonderen Service sorgt. Und dies spüren auch die Gäste. Etwas für Frühaufsteher: leckeres Frühstück bereits ab 7 Uhr. Auf der Mittagskarte stehen in der Regel immer drei Hauptgerichte (8,90–11,90 Euro).

➔ KUNST-WERK-KÜCHE

Berg am Laim | www.kunstwerkkueche.de | Mo–Fr 7–16 Uhr | Atelierstr. 18 | Tel. 089 67 80 51 50

MIT FLIEGE UND HOSENTRÄGER

Obwohl man sich ja selber ungern in ein Korsett zwingen lässt, verbreiten Kellner in einheitlicher Arbeitsmontur doch einen besonderen Charme. Weißes Hemd, schwarze Fliege, Hosenträger und Schürze – *vraiment très chic chez Fritz!* Und gute Manieren haben die Jungs natürlich auch. Zum Essen empfehlen wir auf jeden Fall die Bouillabaisse, die es im Klein- und im Großformat gibt. Wer die Fischsuppe als Vorspeise nimmt, lässt noch Platz fürs Rinderbäckchen mit Kartoffelpüree und Wurzelgemüse.

➔ CHEZ FRITZ

€€€ | Haidhausen | www.chezfritz.de | Di–So 17.30–1 Uhr | Preysingstr. 20 | Tel. 089 4 48 76 76

PERFEKTE GASTRO-LIEBE

Philippe Bousquet, seines Zeichens Chefkoch des Atelier Gourmet, beschreibt sein Essen als »kulinarische Entdeckungsreise zwischen Languedoc und Toskana«. Hohe französische Kochkunst erwartet die Gäste hier, mitten im Franzosen-Viertel. Nicht minder exquisit: der Service. Ehefrau Raffaella Correngia, eine Vollblutitalienerin, versteht es wie keine andere, dieses kleine Kulinariktheater mit seinen 35 Plätzen bestens zu orchestrieren. Wirklich große Oper!

➔ ATELIER GOURMET

Haidhausen | www.ateliergourmet.de | Mo–Sa 18–1 (Küchenschluss 22.30 Uhr) | Rablstr. 37 | Tel. 089 48 72 20

SIRTAKI-SORBAS

Die Griechen sind ein geselliges Völkchen. Wer's selbst noch nicht erfahren hat, schaut am besten mal in der Taverne Kyprios vorbei. Seit über 30 Jahren herrscht hier großes Hallo zum Empfang. Umso mehr noch am Wochenende, wenn der Wirt Dimi zur Livemusik das Tanzbein schwingt gibt. *Jamas!*

➔ KYPRIOS

Thalkirchen | www.kyprios-muenchen.de | Di–So 17.30–1 Uhr | Emil-Geis-Str. 32 | Tel. 089 7 23 66 73

PURE LEBENSFREUDE

Ach, Italien, wie schön du sein kannst, wie liebevoll als Gastgeber – und sei es auch noch so heimatfern. Nun gut, die Ecke rund um die Großmarkthalle nahe dem Gotzinger Platz hatte schon immer ein besonderes Flair. Doch was Rino Ingrassia und Gino Cicciarella hier geschaffen haben, ist in der Tat »ein bisschen von allem …«. Feinkost- und Gemüseladen, Antipasti- und Weinbar, Café und Restaurant – ein genussvolles Stück italienischer Lebensfreude mitten in Sendling.

➔ UN PO' DI TUTTO

Sendling | facebook: unpoditutto.muenchen | Mo–Fr 8–22, Sa 9–22 Uhr | Thalkirchner Str. 126 | Tel. 089 54 84 74 82

C'est bon

Sich wie Gott in Frankreich fühlen im Chez Fritz

BESTE AUSSICHTEN

Essen über den Wolken

GANS NAH AM WASSER GEBAUT

Geniale Idee! Einen ausrangierten Bauwagen an den Mollsee im Westpark zu verpflanzen und daraus ein Café im Grünen mit Seeblick zu machen. Wirkt im Sommer fast wie ein Open-Air-Festival im Kleinen, wenn die jungen Leute sich mit einem Giesinger Bier ans Ufer oder in die halbe Badewanne setzen. Alternativ gibt's aber natürlich auch Kaffee.

➔ CAFÉ GANS AM WASSER

Sendling-Westpark | www.gansamwasser.de | tgl. ab 10 Uhr | Mollsee im Westpark

DER TU AUFS DACH STEIGEN

Beste Aussichten auf die Stadt, nicht nur für Studenten der TU. Das Café gehört zwar zur Architektur-Fakultät, Besucher müssen aber keine Bauzeichnungen unterm Arm als Absolution mitbringen. Hätte uns auch schwer gewundert, wenn all diese Hipster, die der TU so gern aufs Dach steigen, Architektur studieren. Die Liegestühle sind höchst begehrt und die Schlange am Tresen kollidiert gerne mal mit den Aufzuggästen.

➔ CAFÉ VORHOELZER

Maxvorstadt | www.vf.ar.tum.de | tgl. 9–22 (Mai–Aug.), 9–21 (Sept./Okt., März/April), 9–18 Uhr (Nov.–Feb.) | Arcisstr. 21 | Tel. 0163 1 52 47 58

KUNTERBUNTER CONTAINERHAUFEN

Das originale Bel Air ist ja ein Stadtteil von Los Angeles. Ganz so viele Filmstars oder Wolkenkratzer wie dort sieht man in der Münchner Bar of Bel Air zwar nicht, aber das lässige Treiben zwischen kunterbunten Containern ist auch schön anzuschauen. Wenn dann noch die Sonne zur Feierabend-Margarita auf dem Containerdach lacht, ist die Welt im Werksviertel in Ordnung. Halt, der Magen knurrt noch! Kein Problem: Die Salate hier sind echt reichhaltig und ungewöhnlich bestückt, z.B. mit Samosas, Spiegelei, Kartoffelspalten oder Chorizo.

➔ BAR OF BEL AIR

Berg am Laim | facebook: belairbar | Do 19–1, Fr/Sa 19–3 Uhr | Atelierstr. 4 | Tel. 0151 46 17 68 71

Wo seid ihr denn?
Im Café Gans nach Enten Ausschau halten

HÖHER GEHT'S NIMMER

181 Meter über der Stadt öffnen sich ganz neue Horizonte. Noch dazu, wenn man sich dreht – nicht um die eigene Achse, sondern um die des Olympiaturms. Fernsehkoch Otto Koch schwingt hier inzwischen zwar nicht mehr den Schneebesen, aber die neuen Küchenchefs setzen ebenfalls Highlights. Bei Sonnenschein besonders romantisch und mit 59 Euro auch erschwinglich ist INSIDER TIPP das dreigängige Sunset-Menü.

➔ 181

€€€ | Milbertshofen | www.restaurant181.com | tgl. 11–16.30 und ab 18 Uhr | Spiridon-Louis-Ring 7 | Tel. 089 35 09 48 181

DEM HIMMEL SO NAH

Nun gut, vom 12. Stockwerk aus sind es noch ein paar Meter. Aber nichtsdestotrotz, soweit droben herrscht himmlische Bar-Atmo. Unvergleichlich der 360-Grad-Blick aufs nächtliche München mit seinem Lichtermeer. Krönung ist die Rooftop-Bar auf der 13. Etage. Das M'uniqo ist ein Hort der italienischen Aperitivo-Kultur, und dies weiß Chef-Mixologe Christian Schmidt entsprechend zu zelebrieren.

➔ M'UNIQO

Schwabing Parkstadt | instagram: muniqo.bar | Mo–Do 17–1, Fr–So 17–2 Uhr | Leopoldstr. 170 | Tel. 089 90 42 19 44 60

OBEN IN DER EICHEN-KRONE

Muss man finden. Unten im ebenerdigen Restaurant Deutsche Eiche ist nicht sofort ersichtlich, dass es auf dem Dach noch ein lauschiges Refugium gibt. Darum wird's jetzt verraten. Bei schönem Wetter werden die 60 Quadratmeter mit Blick auf Frauenkirche und Alten Peter von 15 bis 22 Uhr bewirtet, vorwiegend mit gutbürgerlicher Küche. Die Dachterrasse kann man auch mieten.

➔ DEUTSCHE EICHE

Isarvorstadt | www.deutsche-eiche.de | tgl. 7–1 Uhr | Reichenbachstr. 13 | Tel. 089 231 16 60

VON WEGEN BERLIN

Heute sind als Graffitikünstler heiß begehrt. Künstler wie Loomit waren die Begründer der Street Art. Und da war München schon immer ein Vorreiter. Nicht New York, San Francisco oder Berlin, nein, in München begann einst alles. Legendär: die erste vollflächig zum Kunstwerk mutierte S-Bahn anno 1985. Mittlerweile gibt's einige Street-Art-Galerien wie an der Ecke Ruppert- und Tumblinger Straße.

➔ STREET-ART-WALK

www.muenchen.de/freizeit/street-art-in-muenchen.html | Martin Arz (Termine/Orte) muenchen-safari.de/street art-safari | Tel. 089 64 29 47 57

FILM AB!

Wo steht eigentlich die Werkstatt von Meister Eder, in der Pumuckl sein Unwesen trieb? Oder interessiert es eher, an welchem Drehort es bei ›Schätzchen‹ Uschi Glas im Film zur Sache ging? Dann fragt man am besten Tourguide Sebastian Kuboth. Der hat viel Insiderwissen und garniert das Ganze mit amüsanten Anekdoten von Drehs, da wird die Stadt zum Filmset. Je nach Serien- und Filmvorlieben kann die Tour ganz individuell gestaltet werden. Preislich ist man mit 10 Euro pro Person und Stunde dabei.

➔ DREHORTE MÜNCHEN

www.drehorte-muenchen.de | Termine nach Vereinbarung | Tel. 089 33 03 53 48

So kann man München auch sehen!

Bitte wenden!

THIS SIDE UP!

MÄCHTIG AUFGEBLASEN

Ja, auch die Bayern schwangen sich einst in die Lüfte. Von der Flugwerft Schleißheim stieg sie auf, die königlich-bayerische Fliegertruppe. Heute dient sie als Außenstelle des Deutschen Museums. Der Flugverkehr ist gänzlich eingestellt. Stimmt doch gar nicht: Zu bestimmten Zeiten kommt ein Zeppelin geflogen. Sammelt seine Passagiere zum München-Rundflug ein. Und schwebt in 40 Minuten (390 Euro) über Allianz Arena, Theresienwiese, Stachus, Schloss Nymphenburg und Olympiastadion.

➔ ZEPPELIN-RUNDFLUG
zeppelin-nt.de | Termine Mai–Sept. | Tel. 07541 5 90 00

GULLY-EXPEDITION

Warum nicht mal in die Münchner Unterwelt hinabsteigen? Mit den Experten der Stadtentwässerung geht's abwärts in ein verborgenes Labyrinth, allerdings nur zu besonderen Anlässen, zum Beispiel im Rahmen der ›Nacht der Umwelt‹ und der ›Langen Nacht der Münchner Museen‹. Im Untergrund können die Teilnehmer ein im Jahr 1902 erbautes Regenauslassbauwerk erkunden und bekommen eine Ahnung davon, wie der Arbeitsalltag eines Kanalarbeiters ausieht.

➔ KANALFÜHRUNGEN
www.muenchen.de/rathaus/Stadtverwaltung/baureferat/mse.html | Termine und Orte auf der Website | Tel. 089 23 39 62 11

EINMAL DEM STADION AUFS DACH STEIGEN

Oh, das ist hoch! Schwindelfrei sollte man besser sein. Wenn außerdem die Sonne scheint und die Sicht stimmt, macht die 120-minütige Zeltdachtour im Olympiastadion für 43 Euro besonders viel Spaß. Wer mag, kann sich zum krönenden Abschluss vom Dach abseilen (komplett 53 Euro) und so den Adrenalinkick noch erhöhen.

➔ OLYMPIADACH
Milbertshofen | www.olympiapark.de | Termine auf der Website | Spiridon-Louis-Ring 21 | Tel. 089 30 67 24 14

SONNEN-PLÄTZE

Essen und schön draußen sitzen

KÖNIGLICHER PLATZ

Klasse Terrasse, umgeben von Sir Norman Fosters Baukunst und den klassizistischen Propyläen am Königsplatz. Die Sonne erwärmt den Außenbereich des Restaurants Ella den ganzen Tag, schöner sitzen und schwitzen geht also kaum in München. Wer Kunst mit Kulinarik kreuzen möchte, kommt zum INSIDER TIPP Untitled Dinner jeden 1. und 3. Dienstag im Monat und genießt nach dem Gang durchs Lenbachhaus noch drei weitere Gänge.

➔ ELLA

Maxvorstadt | www.ella-lenbachhaus.com | Di–Sa 9–1, So 9–21 Uhr | Luisenstr. 33 | Tel. 089 70 08 81 77

AUF ZU FERNEN WELTEN

Nein, wir suchen nicht den Mann im Mond, sondern die Frau. Also vorbei an riesigen Trägerraketen, dem Spacelab, Sonden und Satelliten, bis hinauf, fast in die Stratosphäre. Okay, das ist vielleicht ein bisschen übertrieben. Aber nicht viel. Die neue Gastronomie des Deutschen Museums oberhalb der Raumfahrtebene wird der neue Dachterrassen-Hotspot. Freier Blick gen Sternenhimmel garantiert, inklusive entspanntem Sundowner.

➔ FRAU IM MOND

Au | www.frau-im-mond.bar | tgl. ab 9 Uhr | Museumsinsel 1

DER SONNE SO NAH

Liegt auf den Dächern der Stadt unsere Zukunft? Für München mit Sicherheit. Die Frischluftoase auf dem obersten Parkdeck des Alpina-Parkhauses ist das beste Beispiel hierfür. Überall Pflanzen und Bäume, ein eigener Vertical-Farming-Bereich – die Bienen freut's! Reichlich Holz ist verbaut und so sind lauter kleine Nischen entstanden, die zum Sonnenbad einladen. Heiß wird's auch in Sachen leibliches Wohl. Mit Chinese Steamed Baozis, Rice Bowl oder Kimchi DDB Style weiß der Hutong Club dank seiner Steamy Kitchen voll zu überzeugen.

➔ KULTURDACHGARTEN

Ludwigsvorstadt | www.kulturdachgarten.de | Mo–Sa 11–23, So 11–22 Uhr (außer bei starkem Regen) | Adolf-Kolping-Str. 10 | Alpina-Parkhaus

Besser geht's nicht

Platz an der Sonne im Ella

Mhm ...
am Sebastiansplatz schmeckt's großartig, etwa im Baricentro

DIE PIAZZA RUFT

Wer kennt die gastronomische Perlenkette in München? Das ist der Sebastiansplatz zwischen Schrannenhalle und Stadtmuseum, hier reiht sich ein Lokal ans andere und alle haben sie Außenplätze. Scheint die Sonne, herrscht natürlich reger Andrang. Eine besonders sympathische und gleichzeitig recht preisgünstige Pausenstation ist das Baricentro. Wenn die Kaffeemaschine röchelt, fühlt man sich gleich wie im Italienurlaub. Zum Essen gibt's leckere klassische Kleinigkeiten wie Tramezzini, Panini, Salate und Pasta.

➔ **BARICENTRO**

Altstadt-Lehel | www.baricentro.de | Mo–Sa 9–22 Uhr | Sebastiansplatz 5 | Tel. 089 23 25 99 80

SONNENDECK DER MAXIMILIANSTRASSE

Welche Terrasse darf's heute sein? Nach vorne raus oder lieber unter Olivenbäumen mit Blick auf den Marstallplatz? Muntere Frühstücker, erschöpfte Shopper, hungrige Feierabend-Freunde und durstige Operngänger fühlen sich im oder vorm Brenner allesamt wie zu Hause. Die Auswahl ist riesig und reicht vom extrem reichhaltigen Sonntagsbrunch bis zu den Special-Cut-Steaks vom Buchenholzgrill. Auch die Barkeeper schütteln und rühren feine Drinks.

➔ **BRENNER GRILL**

Altstadt-Lehel | www.brennergrill.de | Mo–Do 8.30–1, Fr/Sa 8.30–2, So 9.30–1 Uhr | Maximilianstr. 15 | Tel. 089 4 52 28 80

EINMAL QUER DURCH DIE ALPEN

Ausgezeichnete alpine Küche, sympathisch lässiger Service, toller Außenbereich – drei Attribute, die das Savoy besonders hervorheben. In dem Restaurant mit dem burgtorartigen Eingang stehen schmackhafte Spezialitäten und Weine aus allen Alpenländern auf der Karte, von Slowenien im Osten bis Frankreich im Westen. Die Gams aus den Dolomiten trifft in der Küche also zum Beispiel auf die Marmorata-Forelle aus Slowenien. Der heimliche Star des Lokals ist im Sommer aber der lauschige Biergarten mit 120 Plätzen unter alten Kastanien.

➔ **SAVOY**

€€€ | Schwabing-West | www.savoyschwabing.de | tgl. 17–1 Uhr | Bismarckstr. 21 | Tel. 089 33 05 65 56

WINTER-HÖHLEN

Essen, wo andere den Kachelofen anheizen

WENN ES DREIMAL KLINGELT

Von außen nach wie vor sehr geheimnisvoll blickdicht, kein Ton dringt ans Ohr. An der Türe wartet eine einsame Klingel darauf, kräftig gedrückt zu werden. Dann erst öffnen sich die Pforten des legendären »Privatclubs«. Gert Rehms Barhöhle hat ihren ganz eigenen Style: gemütlich, skurril und überraschend. Überall gibt es etwas zu sehen. Und zu kosten sowieso: köstliches Sushi, feuriges Thai-Curry oder die Spezialität des Hauses, seltene Tequilas.

➔ MARIA PASSAGNE

Haidhausen | www.maria-passagne.de | Mo–Do 19–1, Fr/Sa 19–1 Uhr | Steinstr. 42 | Tel. 089 48 61 67

HOME, SWEET HOME

Was gibt es Schöneres? Als sich so richtig in die Ledercouch hinein zu lümmeln. Oder in einem der Monster-Ohrensessel zu versinken. Warme, dunkle Farben, lässiger Seventies-Style, naturbelassene Klinkerwände, schummrige Laternenlichter, kurzum, das Home erreicht 100 Punkte auf der Wohnzimmer-Gemütlichkeitsskala. Also Füße hoch und locker genippt am Blackbeard mit homemade Brombeerwodka.

➔ HOME BAR

Maxvorstadt | home-munich.bar | Di–Mi 18–1, Do 18–2, Fr/Sa 18–3 Uhr | Amalienstr. 32 | Tel. 089 45 24 61 40

SÜDTIROLER STUBEN

Echt urig! So viele Geweihe an der holzvertäfelten Wand und immer ein Kissen griffbereit zum Hinkuscheln auf den Bänken. Das Interieur stammt größtenteils aus einer 400 Jahre alten Südtiroler Ratsstube und erinnert latent an den letzten Skiurlaub. Zum behaglichen Flair setzen die Betreiber mit veredelter bayerischer Küche noch einen drauf. Die Spezialitäten vom oberbayerischen Rind schmecken nicht nur, sie sind auch ökologisch korrekt.

➔ ZUM ALTEN MARKT

Altstadt-Lehel | www.zumaltenmarkt.de | Mo–Sa 11–24 Uhr | Dreifaltigkeitsplatz 3 | Tel. 089 29 99 95

ABTAUCHEN UND SCHLÜRFEN

Der Austernkeller ist eine wahre, urgemütliche Winterhöhle unter seiner Gewölbedecke und außerdem seit über vier Jahrzehnten eines der besten Restaurants für Krustentier- und Fischfreunde in München. Austern dürfen bei dem Namen natürlich nicht fehlen. Es müssen ja auch nicht gleich 24 Stück sein, denn dafür ist ein knapper Hunderter fällig. Die Meeresfrüchteplatte für 43 Euro ist eine gute Alternative.

➔ AUSTERNKELLER

€€€ | Altstadt-Lehel | www.die-auster-muc.de | Do–Di 17–1 Uhr | Stollbergstr. 11 | Tel. 089 29 87 87

WINTERTAG AM KAMIN

So sah also ein adeliger Landsitz im 17. Jahrhundert aus! Da hat Schlossherrin Birgit Netzle ein historisches Kleinod mit eigenem Kaminzimmer(!) gefunden und aus dem Dornröschenschlaf erweckt. Im überaus gemütlichen Asamschlössl ist aber kein Geschichtsunterricht, sondern Verwöhnenlassen angesagt. Bayerische Schmankerln rauschen im Minutentakt am Tisch vorbei. Für wenig Entscheidungsfreudige könnte der Kurfürstenteller die Erlösung sein: Bauernente und Schweinsbraten mit Knödel und Blaukraut in einem.

➔ ASAMSCHLÖSSL

Thalkirchen | www.asamschloessl.de | tgl. 11–24 Uhr | Maria-Einsiedel-Str. 45 | Tel. 089 7 23 63 73

FONDUE IM DUTZEND

Das Milchhäusl im Englischen Garten bekommt im Winter immer Zuwachs, ein zweites Häusl. In der Milchhüttn köcheln von November bis Januar regelmäßig die Fonduetöpfe, voll mit Bio-Fleisch und knackigem Gemüse. Maximal 15 Mitesser lassen sich reindrücken, Körperwärme und Heizstrahler wirken dabei möglichen Minusgraden zuverlässig entgegen. Große Gaudi garantiert!

➔ MILCHHÄUSL

Maxvorstadt | www.milchhaeusl.de | tgl. 10–22 Uhr | Königinstr. 6 | Tel. 089 45 24 84 30

IRGENDWIE SCHRÄG

Wer hat sich sowas bloß ausgedacht?

MIAU

Katzenhaarallergiker sollten einen großen Bogen um diesen Laden machen. Alle anderen dürfen sich über mehrere verschmuste Vierbeiner freuen, die zum Interieur gehören und gerne mal um die Besucherbeine streichen oder interessiert auf deren Teller schauen. Kein Käse und kein Schinken drauf, alles vegan. Da machen die Katzen schnell wieder die Biege. Dabei schmeckt der Bohnen-Chiasamen-Burger mit Kartoffelspalten zum Schnurren lecker!

➔ CAFÉ KATZENTEMPEL

Maxvorstadt | www.katzentempel.de | Mo–Fr 11–20, Sa 10–20, So 10–18 Uhr | Türkenstr. 29 | Tel. 089 20061249

Tierisch gut
Im Katzentempel huldigt man dem veganen Essen, jedenfalls die Zweibeiner

Tief im Süden

Stylische Einrichtung und Barbecue sorgen für Südstaaten-Feeling im Little Wolf

BBQ MIT DEM HÄUPTLING

Seit dem Rauchverbot sind Smoker in der Gastro ja verpönt, nicht jedoch die Art von Smoker, die als Barbecue-Grill in den USA gang und gäbe sind. Auch bei uns breitet sich diese außergewöhnliche Methode der Zubereitung immer mehr aus – zum Glück! Denn egal ob Pastrami, Ribs oder Brisket, das gesmokete Fleisch ist sehr saftig und zart und bekommt zugleich ein unverwechselbar rauchiges Aroma. Und dank der typischen abgetrennten Sitznischen fühlt man sich im Little Wolf auch wirklich so wie in den Südstaaten.

➔ LITTLE WOLF

Isarvorstadt | www.little-wolf.de | Mo–Sa 17–23 Uhr | Pestalozzistr. 9 | Tel. 089 85 63 61 52

DINNER IM US-SCHULBUS

Essen in einem rollenden Restaurant – das geht auch in einem umgebauten, alten US-amerikanischen Schulbus. Das Gefährt tuckert quer durch die Stadt, während sich Pärchen oder größere Gruppen ein italienisches, bayerisches oder amerikanisches 3-Gänge-Menü an Zweiertischen einverleiben. Wer noch einen draufsetzen möchte, bucht samstags die INSIDER TIPP Fahrt mit American Live Act oder das Magic Dinner mit einem professionellen Zauberer an Bord.

➔ DINNERHOPPING

€€€ | www.dinnerhopping.eu | Termine auf Anfrage

GANZ OHNE KRONE

Steil hinauf geht's den Nockherberg. Schritt für Schritt, dann vorbei am Klohäusl ... Halt, da war doch was. Genau, das Crönlein. Die einstige Mini-Bedürfnisanstalt dient heute als kleine große Bühne der Subkultur. Münchner Singer/Songwriter lassen sich gelegentlich auf der Treppenterrasse nieder und spielen mächtig auf. Dazu werden Bier, Wein und frisch selbst gebackene Pizette gereicht. Ein richtig schön's Open-Air-Platzerl, etwas versteckt und saugemütlich.

➔ CRÖNLEIN

Au-Haidhausen | www.croenlein.com | Mai–Sept. Di–Fr ab 16, Sa/So ab 15 Uhr | Am Nockherberg 8 | Tel. 089 21 56 29 90

GROSSES MENSCHENKINO

Federico Fellini hätte seine helle Freude gehabt: der unendliche Plüsch, das schummrige Licht, die schrägen Installationen, der Mix aus Disko- und Clubsound. Das Senatore ist eine Reminiszenz an die Rimini-Clubs der Fünfziger- und Sechzigerjahre. Genial! Die kleine, eigene Piazza vor den Senatore-Pforten. Voll Aperitivo-tauglich und mit hohem Unterhaltungswert. Dazu einen spritzigen Cicciolina, eine pikante Adriano-Pizza und dann bitte: Film ab!

➔ SENATORE

Isarvorstadt | senatore.bar | So/Mi–Do 18–3, Fr/Sa 18–4 Uhr | Sendlinger Tor Platz 5 | Tel. 0170 7 89 47 30

TAFELN WIE IM MITTELALTER

Ja, so waren's, die oiden Rittersleit ... damals ging's bei Tisch noch anders zu. Gierige Herren, die einfach zugreifen, kommen in die Schandgeige und werden meist erst wieder befreit, wenn eine gnädige Frau ihnen ein Busserl gibt. Die sechs bis zehn Gänge werden mit Stilett und Fingern gegessen. Spätestens dann weiß auch jeder, warum das gereichte Leintuch gar so zeltartig ist.

➔ WELSER KUCHE

Altstadt-Lehel | www.welser-kuche.de | tgl. ab 19 Uhr | Residenzstr. 27 | Tel. 089 29 65 65

HAT STIL

In diesem Ambiente schmeckt's gleich besser

URBANES INDUSTRIAL DESIGN

Überraschung! In den eher gesichtslosen Neubauten am Schwabinger Tor hätte man so ein schickes Lokal gar nicht erwartet. Besonders gefallen die rot bezogenen Sitznischen im Kupferkessel-Look. Die Stimmung ist ganz ungezwungen, mal testet man sich durch die Gin-Tonic-Palette, dann fällt die Entscheidung fürs Vorspeisen-Sharing und beim nächsten Besuch siegt die Fleischeslust in Form eines Steaks.

➔ LA BOHÈME

€€€ | Schwabing-Freimann | www.boheme-schwabing.de | So 11–14, 18–23, Di–Fr 12–14, 18–24, Sa 18–24 Uhr | Leopoldstr. 180 | Tel. 089 23 76 23 23

LEICHT WIE LIBELLENFLÜGEL

Ein baumstammartiger Empfangstisch, luftige Raumteiler und samtig schimmernde, bunte Sitzbezüge, das Asia-Restaurant ist eine wahrlich einladende Designperle. Geschmackvoll ist auch alles, was auf den Teller kommt. Bleibende Erinnerungen am Gaumen hinterlassen stets die variantenreich gefüllten Dumplings und die marinierten Spare-Ribs mit Zitronengras.

➔ COCHINCHINA

€€€ | Schwabing-West | www.cochinchina.de | tgl. 11.30–14.30 und 18–24 Uhr | Kaiserstr. 28 | Tel. 089 38 98 95 77

IN DER HÖHLE DES DRACHEN

Wer's gern schummrig und gemütlich mag, ist im Bar-Restaurant The Hutong Club an der richtigen Adresse. Besonders höhlenartig ist der mit dunklem Holz vertäfelte Gastraum mit den türkisfarbenen Tischen und dem rot leuchtenden Drachen an der Wand. Serviert werden die köstlichen Speisen auf handgefertigem, buntem Geschirr aus einer chinesischen Manufaktur. Unsere Tipps: die luftigen Dumplings, der Bang-Bang-Chicken-Salat, die Ribs vom Kalb und zum krönenden Abschluss der halbflüssige Schoko-Ingwer-Kuchen mit Sesameis. Ein toller Begleiter ist der Thai Pirinha mit Bourbon, Ingwer-Zitronengras-Likör und Ginger Beer.

➔ THE HUTONG CLUB

Schwabing-West | www.thehutongclub.de | tgl. 18–1 Uhr | Franz-Joseph-Str. 28 | Tel. 089 38 38 03 43

STAHL, STEAK UND BIER

Der industrielle Big-City-Style dieses coolen Lofts ist bis zum Brotbrettl perfekt umgesetzt. Da wirkt nichts aufgesetzt oder gekünstelt – eine optimale Basis für ein stilvolles Genießerdinner. Der Fisch schwimmt im Starnberger See, das Fleisch kommt von der Familien-Metzgerei Rohrmoser aus Peiting und Zötler wie Hoppebräu liefern ein typisch bayerisches Craftbier. Einfach regional cool.

➔ WESTEND FACTORY

Westend | www.westend-factory.com | Mo–Sa 18–22 Uhr | Garmischer Str. 2 | Tel. 089 51 96 67 11

Hotspot
Was die Küche im Kraftwerk verlässt, ist frisch und lecker

WARME KÜCHE IM HEIZKRAFTWERK

Abendessen im Einrichtungshaus, auf die Idee muss man erst mal kommen. Der Kare-Store im ehemaligen Heizkraftwerk lockt ganz oben mit einem kleinen Restaurant samt offener Küche, die regionale Leckereien bietet. An sonnigen Tagen sollte man seine Mittagspause auf die Dachterrasse verlegen, der INSIDER TIPP traumhafte Alpenblick lohnt sich.

➔ DIE KÜCHE IM KRAFTWERK

Obersendling | blog.kare.de/diekuecheimkraftwerk | Mo–Sa 10–22, So 9–17 Uhr | Drygalski-Allee 25 | Tel. 089 45 21 28 99

DER EINSAME BROCCOLI

Also so ganz alleine scheint mir der Broccoli nicht zu sein. Immerhin wird er begleitet von feinstem Fleisch. Kein Wunder: Schwein, Rind und Lamm kommen direkt aus der Region vom Müllerhof, Gut Spielberg und Gutshof Polting. Regionalität ist Chefkoch André Schmidt sehr wichtig und das gilt genauso für Kräuter, Gemüse und Brot. *From nose to tail* ist ein weiterer wichtiger Aspekt seiner Kochkunst. »Unseren Gästen möchte ich auch gebackenen Schweinskopf mit Kirschsoße und Meerrettich näherbringen«, so der Herr über 22 Köche. Sensationell: der Sterne-erprobte Patissier Shinas H. Shahida.

➔ THE LONELY BROCCOLI

Schwabing-Parkstadt | www.thelonelybroccoli.com | Frühstück: Mo–Fr 6.30–11, Sa/So 7–11, Lunch: Mo–Fr 12–14.30, Dinner: Mo–So 18–1 Uhr | Leopoldstr. 170 | Tel. 089 90 42 19 42 00

Anzeige
astor-arri.de
Das Kino mit dem WOW-Effekt!
170 m² Leinwand
80.000 Watt Sound
3 Kinosäle
Service am Platz
Komfortable Sessel
Garderobe
ASTOR
FILM LOUNGE IM ARRI
Türkenstraße 91

DIE JAHRESZEITEN IM STADTVIERTELCHECK

Altstadt-Lehel

1 Frühling

SONNENDIEBE, AUFGEPASST!

Jenseits der Gestade des Schwabinger Bachs warten sie zu Massen auf sonnenhungrige Münchner und Touris, ob nackert oder angezogen, die die erste Frühlingssonne ins Freie treibt. Das Gras ist noch feucht und kalt, kein Wunder also, dass die Liegestühle der Sonnendiebe reißenden Absatz finden. So lässt sich das Schauspiel ›Englischer Garten‹ bestens erleben.

➔ MÜNCHNER SONNENDIEBE

Altstadt-Lehel | März–Nov. tgl. ab Mittag | 1 Euro/30 Min. | Englischer Garten, Brücke Schwabinger Bach

2 Sommer

BOULE IT, BABY!

Klick-Klack, Klick-Klack, von morgens bis tief in die Sommernächte – mit den richtigen Temperaturen kehren auch die Boule-Fans zurück in den Hofgarten. Seit Jahren ist hier das Silberkugel-Eldorado. Höhepunkt: das alljährliche internationale Turnier Mitte Juli. Mitmachen kann jeder!

➔ 1. MÜNCHNER KUGELWURFUNION

Altstadt-Lehel | www.mkwu.de | Hofgarten

3 Herbst

TATÜ-TATA, DIE FEUERWEHR IST DA

Während die Jungs mit ihren roten Spritzenwägen fast täglich im Einsatz sind, öffnet das frisch sanierte, sehenswerte Museum in der Wache der Berufsfeuerwehr einmal die Woche. An tristen Herbstsamstagen das ideale Ausflugsziel für die ganze Familie.

➔ FEUERWEHRMUSEUM

Altstadt-Lehel | www.muenchen.de Suchbegriff: Feuerwehrmuseum | Sa 9–16 Uhr | Eintritt frei | An der Hauptfeuerwache 8 | Tel. 089 2 35 33 13 33

4 Winter

SEID GEGRÜSST, EISPRINZESSIN

Winterzeit, Schlittschuhspaß. Da – schon wieder ein Flitzer am Stachus und noch einer. Wenn der Münchner Eiszauber rund ums Karlstor alles in eine riesige Glitzerwelt verwandelt, flitzen Groß und Klein zu flottem Diskosound übers Eis.

➔ MÜNCHNER EISZAUBER

Altstadt-Lehel | www.muenchnereiszauber.de | Mitte Nov.–Mitte Jan. | ab 5 Euro | Stachus

Au-Haidhausen

1 Frühling

UNGESTÖRT ENERGIETANKEN

Nach einem langen Winter wecken Sonnenstrahlen die Lebensgeister. In den nie überlaufenen Maximiliansanlagen an der Isar funktioniert das entspannte Lichtbaden im Frühjahr perfekt, wahlweise direkt auf dem frischen Grün oder auf der Parkbank.

→ ENGLISCHER GARTEN

Haidhausen | Zwischen Bayerischem Landtag und Friedensengel

2 Sommer

URLAUB IN DER CITY

Das Reisebudget für dieses Jahr ist schon ausgeschöpft? Auch daheim lockt kühle Erfrischung an heißen Sommertagen. Auf rasante Wasserratten wartet im Prinzregentenbad nicht nur eine 50-m-Wasserrutsche, sondern auch ein Sprungturm, den selbst nicht ganz so Wagemutige erklimmen können. Geht ja nur drei Meter in die Tiefe.

→ PRINZREGENTENBAD

Haidhausen | www.swm.de | Prinzregentenstr. 80 | Mai–Sept. Mo/Mi ab 10, Di/Do ab 7, Fr–So ab 9 Uhr

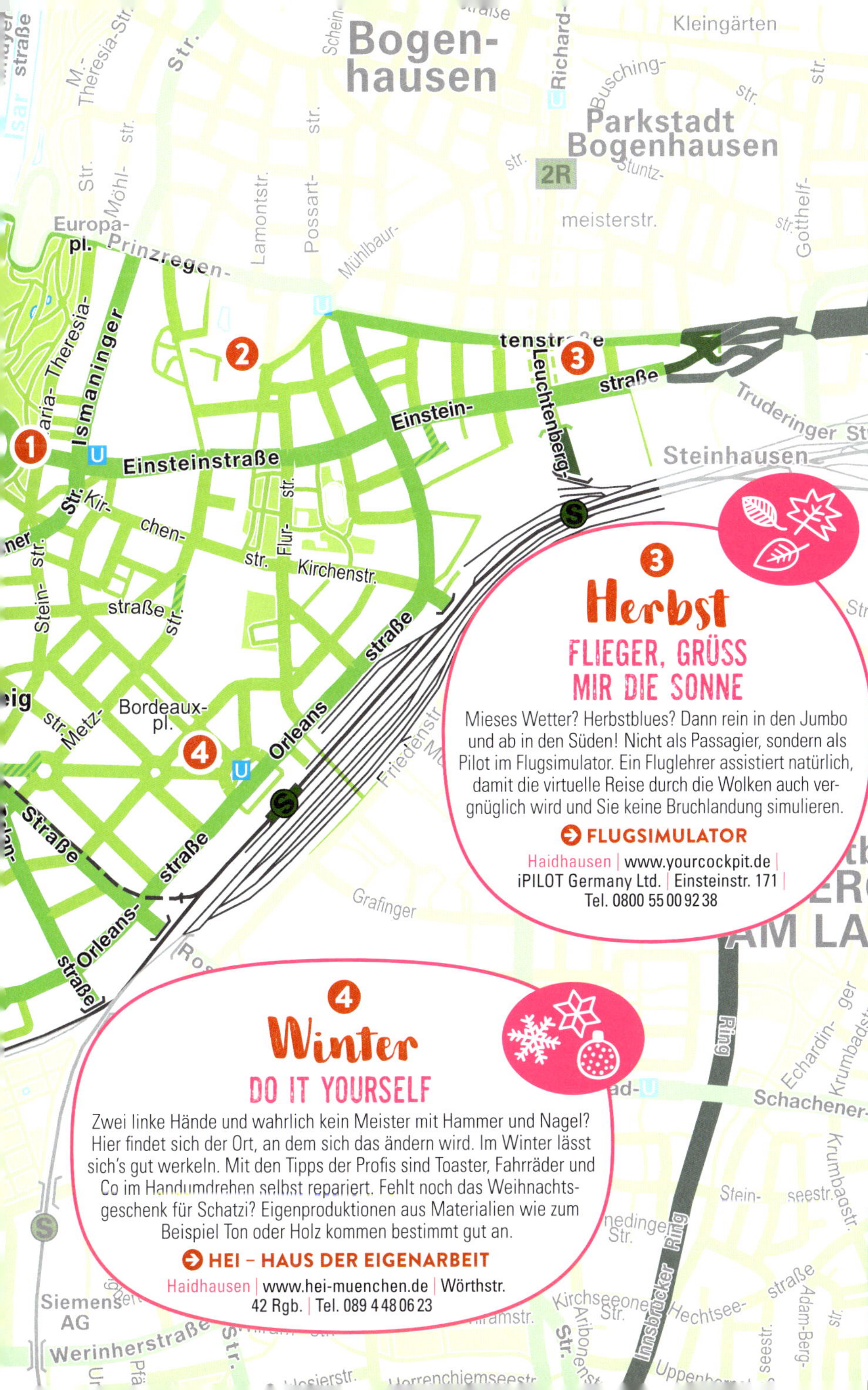

3

Herbst

FLIEGER, GRÜSS MIR DIE SONNE

Mieses Wetter? Herbstblues? Dann rein in den Jumbo und ab in den Süden! Nicht als Passagier, sondern als Pilot im Flugsimulator. Ein Fluglehrer assistiert natürlich, damit die virtuelle Reise durch die Wolken auch vergnüglich wird und Sie keine Bruchlandung simulieren.

➔ FLUGSIMULATOR

Haidhausen | www.yourcockpit.de | iPILOT Germany Ltd. | Einsteinstr. 171 | Tel. 0800 55 00 92 38

4

Winter

DO IT YOURSELF

Zwei linke Hände und wahrlich kein Meister mit Hammer und Nagel? Hier findet sich der Ort, an dem sich das ändern wird. Im Winter lässt sich's gut werkeln. Mit den Tipps der Profis sind Toaster, Fahrräder und Co im Handumdrehen selbst repariert. Fehlt noch das Weihnachtsgeschenk für Schatzi? Eigenproduktionen aus Materialien wie zum Beispiel Ton oder Holz kommen bestimmt gut an.

➔ HEI – HAUS DER EIGENARBEIT

Haidhausen | www.hei-muenchen.de | Wörthstr. 42 Rgb. | Tel. 089 4 48 06 23

Ludwigs- & Isarvorstadt

1

Frühling

SCHNALLEN ZU UND LOS GEHT'S

Kaum sind die letzten Schneereste weggeschmolzen, schon sind die »Flitzer« da. Keine Angst, es handelt sich dabei nicht um Nackerte, sondern um Inline-Skater. Akrobatisch drehen sie ihre Pirouetten um die Hütchen oder cruisen über den Asphalt. Also, rein in die Schuhe, dem Frühling entgegen!

➔ THERESIENWIESE

Ludwigsvorstadt | Theresienwiese

2

Sommer

KARIBIKFEELING

Seine Isar liebt der Münchner schon immer. Aber nach der Renaturierung sind die Gefühle noch inniger geworden. Trotz Grillverbot, in lauschigen Sommernächten verwandelt sich der Isarstrand in eine riesige Open-Air-Lounge.

➔ ISARSTRAND

Isarvorstadt

3

Herbst

MISS LIBERTY LÄSST GRÜSSEN

Ja richtig, im Herbst beginnt das Oktoberfest. Die Bavaria, Bayerns Freiheitsstatue, schaut täglich herab auf ihre Münchner. Wer also einmal den ganz normalen Wahnsinn sehen möchte, sollte während der Wiesn den Blick durch ihre Augen wagen.

➔ BAVARIA

Ludwigsvorstadt | www.schloesser.bayern.de | 1. April–15. Okt. tgl. 9–18 Uhr, während des Oktoberfests bis 20 Uhr | 3,50 Euro | Theresienhöhe 16

4

Winter

MAL EINE AUSZEIT NEHMEN

Im Spa kommt der Spaß nicht zu kurz. Wer ein wenig 1001-Nacht-Atmosphäre aufsaugen möchte, checkt im orientalischen Mathilden-Hamam ein und verlässt es wie neugeboren. Ob Rasul, eine Ganzkörper-Heilerde-Behandlung, eine wohltuende Kräuterstempel-Massage oder gar eine vierhändige Haremsmassage, bleibt dem persönlichen Geschmack überlassen.

➔ HAMAM MATHILDEN

Ludwigsvorstadt | www.hamam.de | tgl. 10–23 Uhr | Mathildenstr. 55 | Tel. 089 55 45 73

Maxvorstadt

1 Frühling

EIS ESSEN IM FREIEN

Der Mann mit dem Zylinder ist aus dem Winterschlaf erwacht. Also schnell ein Eis beim Verrückten Eismacher (Amalienstr. 77) holen, bevor einem die langen Schlangen langen und dann ums Uni-Gebäude herum an einen der beiden Brunnen setzen.

➔ **UNI-BRUNNEN**

Maxvorstadt | Geschwister-Scholl-Platz 1

2 Sommer

DRAMA ZWISCHEN MARMORBÜSTEN

In lauen Sommernächten nutzen bei Theatervorführungen immer wieder mal Schauspieler die antike Szenerie im Innenhof der Glyptothek am Königsplatz als Bühne. Wegen der laufenden Renovierungsarbeiten wird auch 2020 der Innenhof der Staatlichen Antikensammlung zur Ersatzbühne.

➔ **THEATER IM INNENHOF DER ANTIKENSAMMLUNG**

Maxvorstadt | theaterspieleglyptothek.de | Königsplatz 3 | Tel. 0170 9 07 07 69

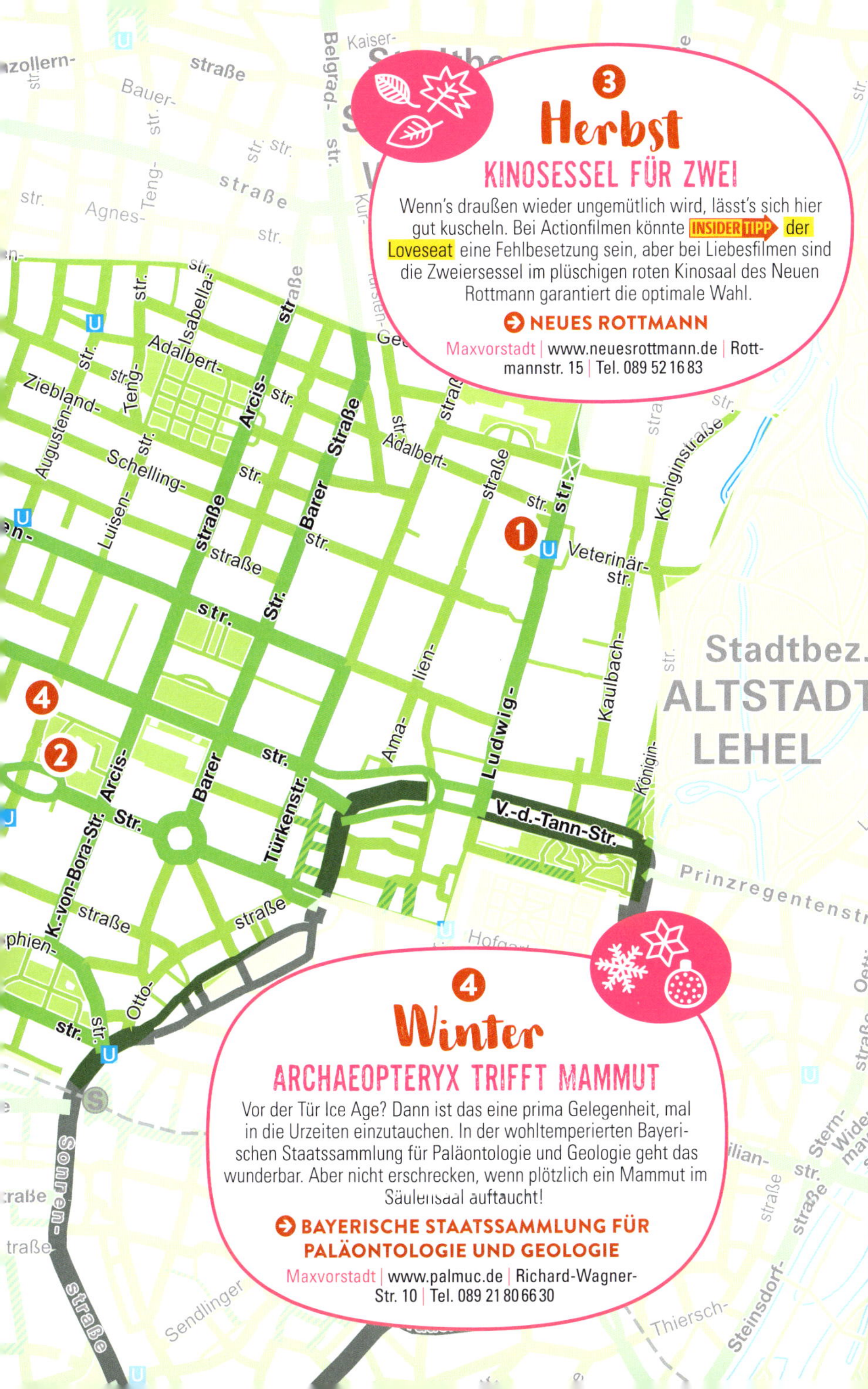

3

Herbst

KINOSESSEL FÜR ZWEI

Wenn's draußen wieder ungemütlich wird, lässt's sich hier gut kuscheln. Bei Actionfilmen könnte INSIDER TIPP der Loveseat eine Fehlbesetzung sein, aber bei Liebesfilmen sind die Zweiersessel im plüschigen roten Kinosaal des Neuen Rottmann garantiert die optimale Wahl.

→ NEUES ROTTMANN

Maxvorstadt | www.neuesrottmann.de | Rottmannstr. 15 | Tel. 089 52 16 83

4

Winter

ARCHAEOPTERYX TRIFFT MAMMUT

Vor der Tür Ice Age? Dann ist das eine prima Gelegenheit, mal in die Urzeiten einzutauchen. In der wohltemperierten Bayerischen Staatssammlung für Paläontologie und Geologie geht das wunderbar. Aber nicht erschrecken, wenn plötzlich ein Mammut im Säulensaal auftaucht!

→ BAYERISCHE STAATSSAMMLUNG FÜR PALÄONTOLOGIE UND GEOLOGIE

Maxvorstadt | www.palmuc.de | Richard-Wagner-Str. 10 | Tel. 089 21 80 66 30

Neuhausen-Nymphenburg

1

Frühling

O SOLE MIO

Im Nymphenburger Schlosspark erfreuen sich die Gondoliere großer Beliebtheit. Besonders im Frühling soll's reihenweise Heiratsanträge geben auf den verschlungenen Wasserstraßen. Ein wahrlich königliches Vergnügen. Und nach dem »Ja« kann man auch gleich die Hochzeitsgondel buchen.

➔ GONDELN NYMPHENBURG

Nymphenburg | www.gondel-nymphenburg.de | Schloss Nymphenburg 1 | Tel. 089 48 12 90

2

Sommer

KOMMT EIN EI GEFLOGEN

Wenn die Schwarz-Gelben ins Dantestadion einreiten, dann ist wieder Munich-Cowboys-Time. Die Meisterzeiten liegen schon etwas zurück, doch wer den Kampf um *touchdowns* und *field goals* beim American Football liebt, ist hier bestens aufgehoben. Die NFL ist schließlich arg weit weg.

➔ MUNICH COWBOYS

Neuhausen | www.munich-cowboys.de | Dantestr. 14 | Tel. 089 15 55 40

3

Herbst

ZEIT FÜR DRACHENBÄNDIGER

Wenn die Bäume ihre Blätter verlieren und es abends wieder frischer wird, beginnt im südlichen Teil des Olympiaparks die Drachensaison. In den unterschiedlichsten Farben und Formen sieht man sie durch die Lüfte sausen. Bei Flaute empfiehlt sich ein Sprint vom Berg, dann hebt der Drachen gleich ab.

➔ **OLYMPIAPARK**

Neuhausen | Sommer-Tollwood-Wiese

4

Winter

WENN DAS DER KÖNIG WÜSSTE ...

Stimmt die Dicke der Eisschicht, herrscht Hochbetrieb vor den Toren von Schloss Nymphenburg. Dann verwandelt sich die Kanallandschaft in ein einzigartiges INSIDER TIPP Winterwunderland für Kufenflitzer, Eisprinzessinnen, Eisstock-Könige und Puckjäger.

➔ **NYMPHENBURGER SCHLOSSKANAL**

Nymphenburg | www.eisstockbahnen.de

Schwabing-West & Schwabing-Freimann

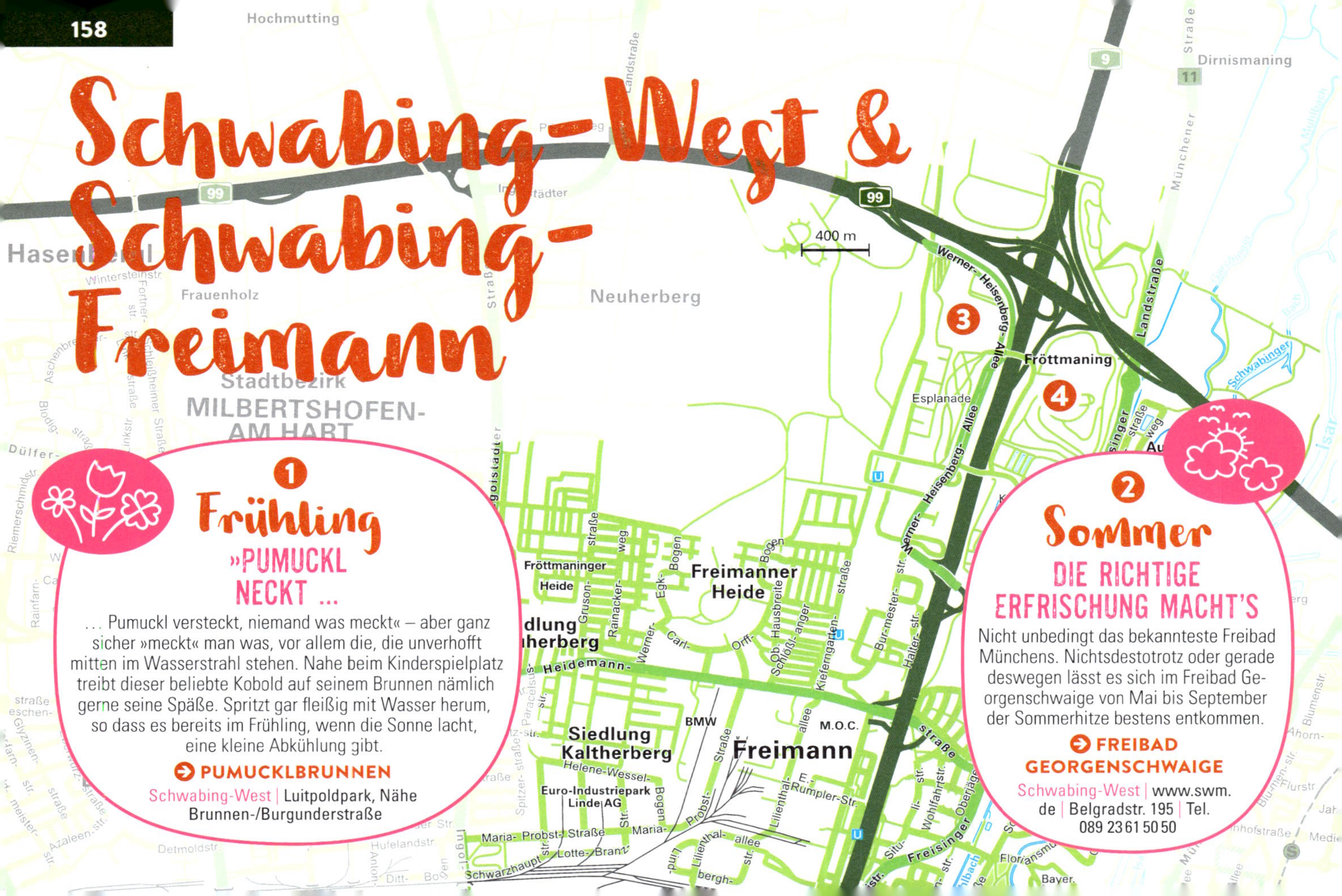

1 Frühling

»PUMUCKL NECKT ...

... Pumuckl versteckt, niemand was meckt« – aber ganz sicher »meckt« man was, vor allem die, die unverhofft mitten im Wasserstrahl stehen. Nahe beim Kinderspielplatz treibt dieser beliebte Kobold auf seinem Brunnen nämlich gerne seine Späße. Spritzt gar fleißig mit Wasser herum, so dass es bereits im Frühling, wenn die Sonne lacht, eine kleine Abkühlung gibt.

➔ **PUMUCKLBRUNNEN**
Schwabing-West | Luitpoldpark, Nähe Brunnen-/Burgunderstraße

2 Sommer

DIE RICHTIGE ERFRISCHUNG MACHT'S

Nicht unbedingt das bekannteste Freibad Münchens. Nichtsdestotrotz oder gerade deswegen lässt es sich im Freibad Georgenschwaige von Mai bis September der Sommerhitze bestens entkommen.

➔ **FREIBAD GEORGENSCHWAIGE**
Schwabing-West | www.swm.de | Belgradstr. 195 | Tel. 089 23 61 50 50

3 Herbst

AUF DEN SPUREN DER LEGENDEN

Wie ein riesiges Ufo steht sie da, eine der Kathedralen der hohen Fußballkunst, die Heimat des FC Bayern München, die Allianz Arena. Zugleich auch Schauplatz eins der sehenswertesten Fußballmuseen weltweit. Und wenn im Herbst Bundesliga und Champions League so richtig durchstarten, schlagen Fußballerherzen höher.

➔ ALLIANZ ARENA

Schwabing-Freimann | allianz-arena.com/de | Werner-Heisenberg-Allee 25 | Tel. 089 69 93 12 22

4 Winter

AUFERSTANDEN AUS TRÜMMERN

Einst landete hier der Schutt zahlreicher Münchner Baustellen, schön aufgetürmt und gut zusammengepresst hat es der heutige Fröttmaninger Berg immerhin auf eine sagenhafte Höhe von 75 Metern gebracht. Bei reichlich Schnee ist die einstige Mülldeponie optimal für rasante Schlittenrennen. Skifahrer wurden auch schon gesichtet.

➔ FRÖTTMANINGER BERG

Schwabing-Freimann | Kurt-Landauer-Weg

Schwanthalerhöhe

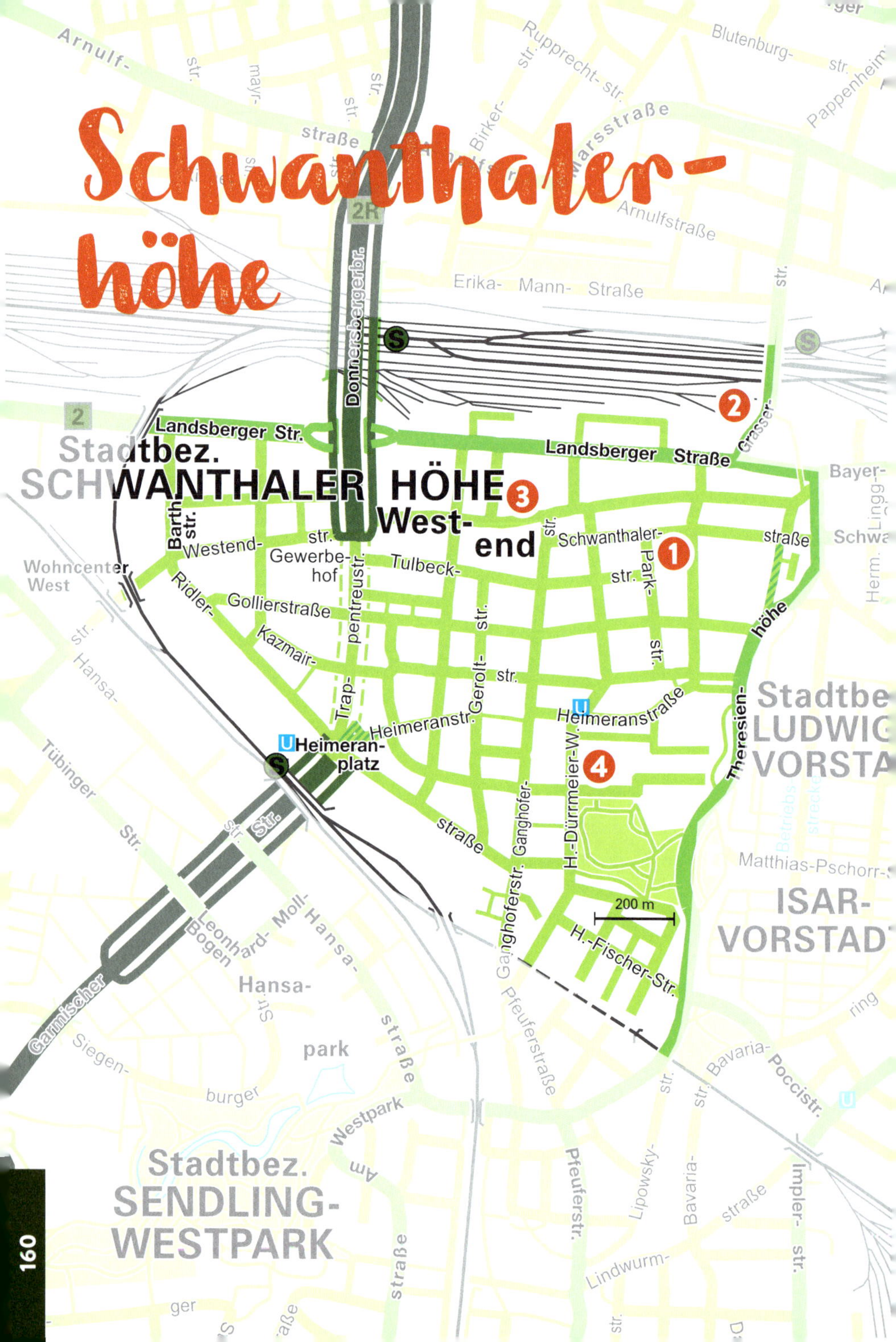

1

Frühling

FRISCHER WIND IM KLEIDERSCHRANK

Nichts Schickes zum Anziehen, wenn der Frühling kommt? Raus aus den dicken Daunen, jetzt wird geshoppt. Am Anfang der Parkstraße lässt sich in drei netten Läden was Passendes finden – und zwar in Herren- und Damenabteilung (Schwanthalerstr. 156), im Parke 6 (Parkstr. 6, www.parke6.de) und im Marais (Parkstr. 2, www.cafe-marais.de) für Schmuck und Accessoires.

➔ PARKSTRASSE

Schwanthalerhöhe | Parkstraße

2

Sommer

SONNENUNTERGANG AUF DER HACKERBRÜCKE

Man muss kein Boulder-Crack sein, um **INSIDER TIPP** auf die Verbindungsstege der schmiedeeisernen Hackerbrücke zu klettern, aber ein bisserl Geschick braucht's schon. Nach der Besteigung folgt die Belohnung: ein romantischer Ausblick auf den Sonnenuntergang im Westen.

➔ HACKERBRÜCKE

Schwanthalerhöhe | Hackerbrücke

3

Herbst

JAM-SESSIONS IM KULTURKELLER

Wer für Livemusik lebt, liebt den Kulturkeller und freut sich auf den Herbst, wenn die Clubs wieder so richtig loslegen. Jeden Freitag packen hier Musikfreaks bei der Westend Jam-Session ihre Instrumente aus und ölen die Stimmbänder. Einfach zuhören oder sich einen Ruck geben und selber mitmachen.

➔ KULTURKELLER

Schwanthalerhöhe | www.kulturkeller.com | Westendstr. 76 | Tel. 089 72 64 93 00

4

Winter

VIEL VERKEHR

Ziemlicher Kontrast: ein moderner ICE neben einer alten Dampflok. Aber in den drei Hallen des Verkehrszentrums gibt's nicht nur Gleisfahrzeuge zu bewundern, sondern auch Oldtimer, Busse und Formel-1-Flitzer. Grad im Winter bestens geeignet, um die kleinen Weihnachtswünsche mal in echt zu bestaunen.

➔ VERKEHRSZENTRUM/ DEUTSCHES MUSEUM

Schwanthalerhöhe | www.deutsches-museum.de/verkehrszentrum | Am Bavariapark 5 | Tel. 089 2 17 93 33

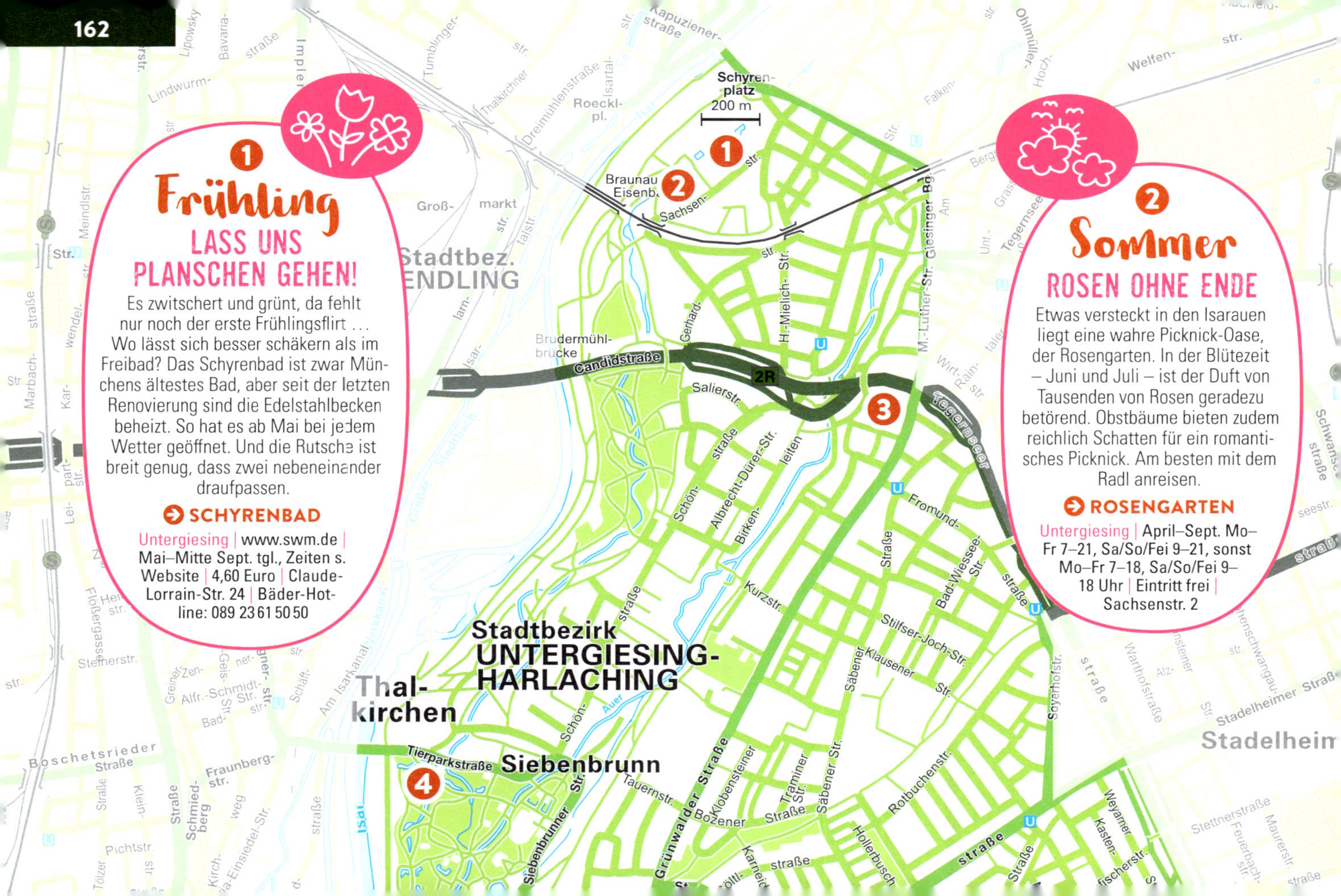

1 Frühling

LASS UNS PLANSCHEN GEHEN!

Es zwitschert und grünt, da fehlt nur noch der erste Frühlingsflirt … Wo lässt sich besser schäkern als im Freibad? Das Schyrenbad ist zwar Münchens ältestes Bad, aber seit der letzten Renovierung sind die Edelstahlbecken beheizt. So hat es ab Mai bei jedem Wetter geöffnet. Und die Rutsche ist breit genug, dass zwei nebeneinander draufpassen.

➔ SCHYRENBAD

Untergiesing | www.swm.de | Mai–Mitte Sept. tgl., Zeiten s. Website | 4,60 Euro | Claude-Lorrain-Str. 24 | Bäder-Hotline: 089 23 61 50 50

2 Sommer

ROSEN OHNE ENDE

Etwas versteckt in den Isarauen liegt eine wahre Picknick-Oase, der Rosengarten. In der Blütezeit – Juni und Juli – ist der Duft von Tausenden von Rosen geradezu betörend. Obstbäume bieten zudem reichlich Schatten für ein romantisches Picknick. Am besten mit dem Radl anreisen.

➔ ROSENGARTEN

Untergiesing | April–Sept. Mo–Fr 7–21, Sa/So/Fei 9–21, sonst Mo–Fr 7–18, Sa/So/Fei 9–18 Uhr | Eintritt frei | Sachsenstr. 2

Untergiesing-Harlaching

3 Herbst

WO DIE LÖWEN ZU HAUSE SIND

Den Tiefen der Regionalliga sind sie immerhin entkommen. Jetzt fahren die Löwen vom TSV 1860 München als Drittligist die Krallen aus. Leider ist ihr geliebtes, kauffälliges und zugiges Grünwalder Stadion noch kein heimisches Bollwerk. Aber die Fans lassen sich auch von Punktverlusten die super Stimmung nicht verhageln.

➔ STADION AN DER GRÜNWALDER STRASSE

Untergiesing | Grünwalder Str. 2–4

4 Winter

AB IN DIE FLEDERMAUSGROTTE

Europas ältester Geo-Zoo, angelegt nach den geografischen Gegebenheiten der Kontinente, bricht einen Besucherrekord nach dem anderen. Kein Wunder, dank neuer Bauten wie dem Elefantenhaus, der Polarwelt oder der Affenwelt. Da bietet sich ein sonniger Wintertag an, um durch die einzelnen Erlebnis-Kontinente zu reisen, und zwar mit mehr Ruhe.

➔ HELLABRUNN

Harlaching | www.hellabrunn.de | tgl. 9–17, April–Okt. bis 18 Uhr | 15 Euro | Tierparkstr. 30 | Tel. 089 62 50 80

Register

FSC
www.fsc.org
MIX
Paper from responsible sources
FSC® C015829

Impressum

16. Auflage 2020, Beste Stadt der Welt – München 2020 (Cityguides)

Gesamtredaktionelle Betreuung: derschönstesatz (Lucia Rojas)
Lektorat: Simone Nörling
Autoren: Amadeus Danesitz, Astrid Dobmeier, Alex Wulkow
Autoren/Mitarbeit bis 13. Auflage – München für Münchner (Cityguides): Amadeus Danesitz, Astrid Dobmeier, Alex Wulkow, Nina Becker-Göpner, Cathrina Keller, Nicole Wagenstetter
Fotograf: Reinhard Schmid
Bildredaktion: Anja Schlatterer
Kartografie Touren- und Stadtviertelkarten: © MAIRDUMONT, Ostfildern
Vermarktung: MAIRDUMONT MEDIA, media@mairdumont.com
Gestaltung Cover: Langenstein Communication GmbH, Ludwigsburg
Innengestaltung: Superherogroup, Stuttgart

Printed in Italy.

BILDNACHWEIS

A. Danesitz (168 o. re.); A. Dobmeier (168 M. re.); DuMont Bildarchiv: T. Linkel (Klappe r. o.); huber-images: R. Schmid (Klappe li., Klappe re. M., Klappe u., 4, 7 o., 7 u., 8, 11, 12, 15, 17, 18, 23 o., 24 u., 28, 31, 33, 34, 37, 38, 41, 48, 51, 52, 56, 59 o., 60, 64, 66, 70, 73 u., 84, 87, 88 u., 95, 97, 98, 100, 103, 105, 108, 111, 115, 117, 118, 122, 126, 129, 131, 133, 137, 138, 141, 142, 145); mauritius images: (112/113), N. Frei (123), haag+kropp (134 re.), A. Killian (88 o.), Schöttger (74); mauritius images/age fotostock: vedrosn (106); mauritius images/Alamy: AKP photos (125), D. Barba (132), S. Burford (46), S. French (42), N. Kostenyukova (140), E. Lattes (19 u. li.), H. Sessions (24 o., 30), M. Tielemanns (92), W. Wiskerke (53), Zoonar (101, 110); mauritius images/artpartner (39, 73 o.); mauritius images/Cavan Images (91); mauritius images/chromorange: B. Kägi (76); mauritius images/foodcollection (19 u. re., 35, 36, 44, 67, 102, 104); mauritius images/imagebroker: S. Belcher (23 u.), C. Brignell (82), M. Brunner (72), creativ studio heinemann (68), foodcollection (14), M. Hauser (10), O. Maksymenko (134 li.), M. Redmann (62), M. Weber (26), A.-S. Wittwer (81 u.); mauritius images/photononstop: C. Abad (59 u.); mauritius images/pixtal (20); mauritius images/TPP. (75), Y. Shal (54); mauritius images/Westend61: S. Kranfeld (109); mauritius images/weststudios (65); picture-alliance/SZ Photo: A. Heddergott (121), F. Peljak (81 o.); R. Schmid (168 u.); A. Wulkow (168 o. li.)

SCHREIBEN SIE UNS!

LIEBE LESERIN, LIEBER LESER
Wir setzen alles daran, Ihnen möglichst aktuelle Informationen zu geben. Dennoch schleichen sich manchmal Fehler ein – trotz gründlicher Recherche unserer Autoren/-innen.
Sie haben sicherlich Verständnis, dass der Verlag dafür keine Haftung übernehmen kann.
Wir freuen uns aber, wenn Sie uns schreiben:

Marco Polo Redaktion
MAIRDUMONT
Postfach 31 51
73751 Ostfildern,
info@marcopolo.de

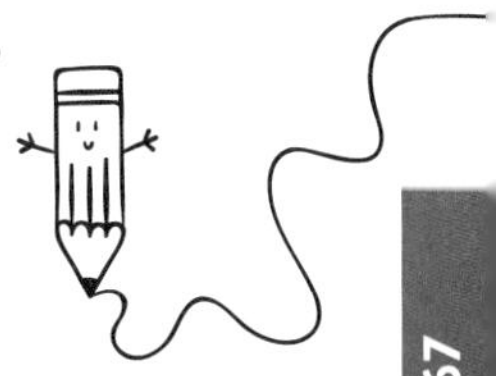

Autoren und Fotograf

AMADEUS DANESITZ

Tief im Münchner Süden erblickte er einst das Licht der Welt. Heute jettet er zwischen Viktualienmarkt, Isarvorstadt und Schwabing hin und her, mit einem gelegentlichen Abstecher in den Big Apple. Es ist die stete Herausforderung, seine Heimatstadt immer wieder aufs Neue zu entdecken, die ihn antreibt und die Feder übers Papier flitzen lässt. Er liebt es, Geschichten zu sammeln und zu erzählen.

ALEX WULKOW

Ist gebürtiger Münchner und hat wohl jeden Quadratkilometer der Stadt schon mit dem Fahrrad durchstreift. Er war jahrelang Redakteur beim Magazin »PRINZ München« und hat sich trotz zahlreicher Testessen als Gastro-Guru eine schlanke Statur erhalten. Momentan arbeitet er freiberuflich als Zeitungs-, Radio- und Online-Redakteur.

ASTRID DOBMEIER

Wurde in Harlaching geboren und hat schon in Neuhausen, Studentenstadt und Sendling gewohnt. Ihr Herz allerdings verlor sie einst in und an Haidhausen – dort, wo in idyllischen Herbergshäusern französisch gekocht wird. Das wahre Dolce Vita? Pulsiert für die Journalistin und Beraterin genau hier!

REINHARD SCHMID

Ist als Bub im Allgäu aufgewachsen und hat nach seinem Fotostudium einige Jahre Großstadtluft in Köln und München geschnuppert. Mittlerweile wohnt er am Alpenrand in Murnau am Staffelsee, freut sich zwischen seinen Fotoreisen aber immer wieder auf München mit seinem Mix aus Biergartenkultur und neuesten, spannenden *food trends.*